世界で一番やさしい

# 会議の教科書

榊巻 亮

日経BP社

# はじめに

「三万時間」

…あなたが一生涯で会議に費やす時間だ。

この途方もない時間、想像してみたことはあるだろうか？　一日十時間活動できるとして、約八年分になる。大事なことなのでもう一度言う。〝貴重な人生の時間を、八年分も会議に捧げる〟ことになる。


ここで少し考えてみよう。八年もの時間を、あなたはどう過ごすことになるのだろうか？

よくある会議の風景をのぞいてみよう。

お昼休み明けの会議室――。

小さな会議室にはテーブルを囲んで六人の男が座っている。ほとんどのメンバーが黙っているなか、一人とうとうとしゃべっている男がいる。課長だ。書類に目を落として、下を向いたまま、まるで朗読だ。（ああ、お昼後のこの時間にはつらい…。眠い…）。ふと横を見ると、三つ上の先輩はノートパソコンを見て、眉間にシワを寄せている。一見会議に集中しているように見えるが、全く別のことをやっている…。（内職か…。おれもパソコン持ってくればよかった）と、ふと前を見ると、別の先輩が課長に気づかれない角度で寝ている。（う、うまい！　あの技、俺も身につけたいなぁ…）と思ったその時、「じゃあ、今日はここまでだな」と課長の声が。どうやら終わったらしい…。やれやれ、やっと仕事に戻れる――。

こんな会議に覚えはないだろうか？　三万時間、八年もの間、こんな会議を続けることになるわけだ。この絶望的な事実に、多くのビジネスパーソンは気付いていない。

あなたの会議はどうだろうか？

会議が終わった時、「生産的で有意義な時間だったなぁ」と言えるだろうか？

「ウチの会議は、どこに出しても恥ずかしくない会議だ！」と、胸を張って言えるだろうか？

世の中には会議本が数多く出回っている。それなのになぜこれほど日本の会議は良くならないのか？

数ある書籍のほとんどはオフサイトミーティングや事業戦略会議などをテーマとしており、日々の会議について触れたものではない。そのため読者としても「ウチの会社ではちょっとハードルが高いなぁ」とか、「合宿会議をやるときに参考にしようかな」にとどまってしまう。

さらに、そうした書籍で取り上げられている方法論は極めて高度だ。SWOT分析や3Cフレームワークなど、日常的な会議で使いこなすのは至難の技である。

また、「目に見えるお手本」がないため、何をすればどう会議が変わるのかイメージできないのだ。見たことがないものを想像して、実践するのは到底無理だ。

ではどうすればよいのだろうか？

私はコンサルタントであり、本業は変革プロジェクト支援、要するに変革屋なのだが、我々の会議のやり方をお客さんが盗んでまねをしてくれることが多々ある。いつの間にか、お客さんの社内会議が非常に効率的になっていて、いい感じに変わっているのだ。

そうやって社内の会議をガラリと変えた、我々のお客さんのコメントを紹介したい。

「ケンブリッジの支援で感じたことは、ファシリテーションは魔法ではないということだ。会議をうまく仕切る人がいても、そういう人には持って生まれた素質とか経験があるのだと思っていた。ケンブリッジを見て、ファシリテーションの技術を学べば、誰でも会議を〝ファシれる〟ということが分かった。我々は、上手なやり方や始め方を知らなかっただけなのだ」

この方の言う通り、会議に高いスキルや才能は必要ない。必要なのは〝お手本〟と、ちょっとした〝始め方のコツ〟なのだ。世の中にはこれが決定的に不足している。逆に言えば、これさえそろえば会議は変わる。確実に。

この本では、入社二年目の若手社員が本当に小さなことから改善を積み上げていき、少しずつ会議を変えていく姿を描いた。実はこのお話、実際の出来事がベースになっている。ノンフィクションとは言わないが、一つひとつのエピソードは、私とお客さんとが体験したほぼ現実のエピソードのままである。

何をすれば会議が変わっていくのか？　実際にどう変わって行くのか？

主人公である鈴川葵《すずかわあおい》とともに、会議変革の物語を体験してほしい。そして、次に会議を変えるのはあなただ。

目次

はじめに――3

第1章 初めてのダメ会議――11

入社2年目にして、初めて課の定例会議に参加した葵はそのグダグダっぷりに衝撃を受ける。さらに「生涯会議時間」を計算してみたところ、驚きの数字が！

第2章 確認するファシリテーションを始める――25

ダメ会議を愚痴る葵に、コンサルタントである父は「なら、変えよう！」と提案し、ファシリテーションを教えようとする。尻込みする葵に父が教えたのは、会議を変える「魔法の一言」だった。

第3章 書くファシリテーションを始める――95

ファシリテーションの第一歩を踏み出した葵だが、参加者が好き勝手に自分の意見をしゃべり、かみ合わない会議を仕切れず落ち込む。そこで父は、ホワイトボードに書いて意見を整理する手法を伝授する。

第4章 隠れないファシリテーションを始める――173

突如葵たちを襲う「部署解体」の危機！課題解決会議を開くも、参加者の意図や思いがすれ違い、一向に前に進まない。前に出て会議を「仕切る」スキルが必要だと考えた父は、葵と片澤を自分の会社に招く。そこで葵が見たものは…。

第5章 Prepするファシリテーションを始める――241

父の会社の会議で準備の必要性を痛感した葵と片澤は、八つのステップで進行を考える手法を学ぶ。そしていよいよ、部署存続をかけた課題解決会議の当日。葵はファシリテーターとして会議を仕切れるのか。

エピローグ　2つの転機　291
大仕事を終え、新たな道を歩み出す顧客サポート課のメンバー。葵、片澤、幸田の次なる挑戦とは。

あとがき　298

# 第1章 初めてのダメ会議

## グダグダ会議を居酒屋で憂う

「いやー、課長がいないとなんだか羽が伸ばせるなー」。テーブルに着くなり、片澤武が言った。

「えーそうですか？　私は結構課長好きですけどね」。メニューを見ながら鈴川葵が反論する。

「いや、葵ちゃんはウチの会議を知らないからそう言うんだよ。俺も飲み会の時の課長は嫌いじゃないよ」

ここは新橋の裏路地にある小さな居酒屋。課の飲み会が終わったあと、課長の水口が率いる本隊からそっと抜け出し、別働隊がこじんまりと二次会を開催していた。こんな時、課長の陰口は絶好のさかなになる。

「片澤の言う通りやで。まぁワシは会議以外の課長も嫌いやけどな。あ、店員さん！　ビール人数分ね！」。主任の幸田雅史がメニューも見ずに注文を入れた。

「ウチの会議、そんなにダメなんですか？」

「そうか、鈴川はまだ会議に出たことないんやな。ホンマにウチの会議はクソやで。定例会なんて、課長の独演会やな」。幸田は関西人らしくだいぶ口が悪い。

「そうですね。そもそも何を議論したいのか分からないしなぁ」。片澤も同調する。

「〝何を議論したいか〟なんて課長自身も分かってへんやろ。今日の会議なんか、課長が気になったことを、思い付きでワシらに質問するだけやん。何にも議論してないやないか。あれ何なんやろ。タダの質問会か？」。幸田が一気にまくし立てる。

「ドラマとか見てると、会議って重要なことを決める場で、すごく凛とした空気が漂うイメージがありますけど…」。店員からビールのジョッキを三杯受け取りながら葵が言った。

「あんなのドラマだけだよ。会議なんて、僕らにとってはムダ以外の何物でもないよ。あの会議のせいでこんなに残業しなきゃいけないのに、課長からは残業減らせ、って言われるんだぜ？残業が減らないのは課長のグダグダ会議のせいだっつーの！」。普段の飲み会では盛り上げ役の片澤が、いつになく愚痴っぽい。日頃の鬱憤がたまっているようだ。

「まぁ俺はもう諦めとるけどな。あの課長を変えようと思ったってムダや。会議では〝内職〟して身を守るに限る」

「幸田さんの内職すごいですもんね。見習わないとなぁ。はぁ、でももうちょっとまともな会議になりませんか。他社も同じようなもんなのかな」

「あ、そういえば私の同級生が転職したんです」。黙ってビールを飲んで聞いていた葵が、思い出したように言った。

「結構大きな会社に入ったんですけどね。〝これから三〇年もこんな状態耐えられない〟って言ってました。毎日会議三昧で、とにかくつまらなかったんだそうです。そんなことで転職なんてもったいないと思いましたけど」

「なるほど、俺はその人の気持ち分かるよ。だって会議つまんないもん」と片澤がジョッキをあおる。「そうだ、葵ちゃんも明日から定例会に出るんだよね」

入社二年目に突入した葵だが、これまでは会議らしい会議には出たことがなかった。明日の定例会で会議デビューを果たすことになっていた。

「そうなんですよね…。なんだかちょっと不安になってきました」

「大丈夫大丈夫、ちょっと眠くなるだけだよ」

「内職すれば眠くならへんでぇ。がはは」

「笑えないですよぉ…」

サラリーマンの愚痴とともに、新橋の夜は更けていく。

――その日の夜更け。

帰宅した葵はたまたま起きていた父に二次会での話をしていた。葵は年ごろにもかかわらず父と仲が良い。特に社会人になってからは、父と会話をする機会がグッと増えていた。会社勤めが短かった母より仕事の話がしやすく、時に有益なアドバイスももらえたりするからだ。もちろん有益でない時もあるのだが…。

「…って話をしていたの。愚痴はサラリーマンの花とか聞くけど、みんな言いたい放題だったわ」

「愚痴か、父さんは嫌いなんだよな。何も生まれないからな」

「私だって好きじゃないわよ。でもしょうがないじゃない。ぺーぺーの若手としては、上司や先輩の愚痴を聞いてあげるのも仕事のうちなのよ」。口をとがらせて葵が言った。

「しょうがなくないよ。愚痴る前に改善する努力をすべきだ」

「うっ、しまった…」。葵が苦笑いをした時には既に遅かった。

父はコンサルティング会社に勤めるコンサルタントで、普段は大手企業の業務変革を支援していた。そのせいもあってか、父の改善・改良に対するこだわりはすごい。ほとんど職業病に近かった。葵が子供の頃から、何か愚痴るたびに、「じゃあ変えよう！」「どう変えたらいい？」と言い出す。こうなると父はしつこい。

「しまったとはなんだ。生涯に費やす会議の時間ってどのくらいか知っているのか？」

あー、始まっちゃった。「酔っ払ってて考えられないから、また明日考えるね。おやすみー」

風のような早さで、葵は父の視界から消えていた。

## ダメ会議の洗礼

（あぁ、眠い…）

翌日、昼下がりの心地よい陽気のなか、葵は定例会の洗礼を受けていた。

ここは葵の所属する日本ネットワークパートナーズ（ＮＮＰ）本社ビル二〇階、保守部の会議室。葵の前には、ひたすらに書類を読み上げる課長の水口と、それを神妙に聞く課員たちがいる。

水口は顧客サポート課の課長だ。ＩＴ大手の一角に名を連ねるＮＮＰ社で、顧客企業からの問い合わせを受け、トラブルの初期対応を担うのが顧客サポート課。電話を受け付けるコールセンターチームに加え、コールセンターチームと連携して技術的な知識や技能が必要な問い合わせに対応する技術サポートチームや、新規の保守契約に対するサービス内容を設計・提案する企画チームを擁する。

週一回の定例会で、顧客からの問い合わせを課全体で共有する。技術サポートチームの幸田や、企画チームの片澤などが参加していたが、入社二年目で企画チームに属する葵もメンバーに加わることとなった。水口に「来週から定例会に出てほしい」と言われて、「私も戦力とみなされるようになったのかな」とうれしくなったが、いざ出席してみると、それは噂通りの苦行の場だった。

「次の問い合わせ内容ですが、二〇一五年六月一二日一二時一二分、A社のシステム担当者様からの問い合わせで、『通話録音の結果が聞けない』という内容のものでした。オペレーターがマニュアル通りの障害切り分けを行い、お客様の操作ミスであることが判明し、本件完了しています。次の問い合わせは…」。延々と水口が資料を読み上げる。

狭い会議室には水口をはじめ、七人の課員たちが膝を突き合わせている。大きなモニターディスプレーとテーブルと机があるだけの一般的な会議室だ。都心の一等地にあるこのビルの窓からはスカイツリーが見える。葵は眠気をかみ殺すと、ぼーっと窓の外に目をやった。

(水口課長、あとどのくらいこれ続けるのかな…眠いなぁ。スカイツリー大きいなぁ…)

葵は会議と全然違うことを考えて眠気を我慢していた。その間にも水口の話は続く。

「…この問い合わせは、現在対応中だな？　そういえば、この件どうなったんだ？　幸田？」

「え？　あ、はいはい。これはですね…」

(あ、片澤さん寝てる?!　課長に怒られるよー。でももう私も寝そう…昨日二人が言ってたのはこういうことか…)

水口の質問、幸田の回答、水口の質問…。二人だけのやり取りがしばらく続くなか、よく見ると他の課員たちはそれぞれ自分のノートやノートパソコンで会議とは関係ないことをやっているようだった。これがいわゆる内職というやつか。そんなことを考えながら、葵は昨日の父の言葉を思い出していた。

（生涯会議時間か…。ちょっと考えてみようかしら）

入社七年目の片澤は、定例会も含め、毎週三回ほど会議に出ている。一五年目の幸田はほぼ毎日。水口課長は一日中会議に出ずっぱりだ。上に行くほど会議が増える構図にみえる。

（えーっと、ざっくり計算すると…）。葵はノートにさっと計算式を書きだした。

入社から一〇年目までは週三で二時間ずつ、五〇週とすると一〇年で三千時間、
一〇年目から二〇年目までは週五で二時間ずつ、五〇週とすると一〇年で五千時間、
二〇年目から三〇年目までは週五で八時間ずつ、五〇週とすると一〇年で二万時間。

（約三万時間?! 生涯労働時間が七・五万時間って聞いたことがあるけど、会社人生の四割が会議ってこと？ そんな膨大な時間、この眠い会議をこらえないといけないわけ？）

葵がめまいを覚えた時、水口が吐き出すように言った。

「では、今日の定例会は以上だ。何か質問はあるか？」

「……」。水口は一呼吸待ってみたが七人の課員たちは下を向いたまま一言も発しない。

「じゃあ、来週また同じ時間に。お疲れ様」。水口が言うと、課員は皆せきを切ったように一斉

に会議室を出て行く。葵も会議室の外に飛び出すと、大きく深呼吸をした。

「うーん。会議室の外は涼しいですねー。空気がおいしいっ。片澤さん、寝てたでしょ？」

ニヤニヤしながら一緒に会議室を出た片澤に話しかけた。片澤は、葵がNNP社に入社して以来面倒を見てくれている先輩だった。

「え？　バレた？　昨日話した通りだっただろ？　ていうか、あれならメールで共有してくればよくない？　あんな暑苦しい会議室でさ、はぁー疲れた」

「疲れた、って寝てたじゃないですか！」

「確かに！　でもね、俺ムダなことに時間使うの嫌いなんだよ。それだけで疲れちゃうよ。まぁとりあえず終わったってことで。仕事に戻るぞ、やること山積みだろ？　今日は一時間半もムダにしているから頑張らないとな」

「はーい」と返事をしながら、葵はなんだか違和感を覚えていた。

（〝仕事に戻る〟って、会議は仕事じゃないってこと？　なんだかなぁ…。なんか一年前のイメージとずいぶん違うな）

新入社員研修を終え、技術本部に配属されたのがちょうど一年前のことだった。スカイツリーがよく見える一等地に、二五階建ての自社ビルを構えるNNP社。インターネットや電話回線などネットワーク関連ビジネスを主力とし、今年五〇周年を迎える。ネットワークの構築や更新の需要は底堅く、経営は安定している。誰もが認める一流企業だ。

葵も配属されるまでは、一流企業でどんな仕事ができるのか、どんなデキる先輩たちがいるのか、ドキドキしていた。

（でも、思っていたのとはずいぶん違うのよね…）

定例会に参加して、その違和感は一層強くなった。水口課長が問い合わせの内容を淡々と読み上げるだけで、ほかのメンバーはほとんど発言しない。葵がドラマで見るような〝何かを決める〟会議、活発に意見が飛び交う会議とは全然イメージが違っていた。

葵と片澤が自席に戻り、次の仕事に取り掛かろうとした時、不意に水口の声がした。

「片澤くん、さっき決めたこと、よろしく頼むよ」

片方の眉毛をピクッと上げながら、片澤は上ずった声を上げた。

「え？　何の話でしたっけ？」

「おいおい、またか？　みんな会議で決まったことを全然聞いてないいんだよな。B社の問い合わせの件、営業部門に連絡して、対応を協議しようって今の会議で決まっただろ？　頼むよ」

「…あ、あー。了解です。やっときます」

「頼むよ。やれやれ」。水口は大きな体を揺らして席に戻っていったが、片澤は不満気だ。

「なんだか決まったことが判然としないんだよなー。ったく」

葵はそんなやり取りを横目で見ながら（あんなに時間をかけたのに、何が決まったか、誰も分かっていないなんて。確かに片澤さんの言うように時間のムダよね…。でも、まぁこんなもんなのかな…。一流企業の会議なんだしね）

半ば自分に言い聞かせながら、会議の間にたまったメールの処理に取りかかった。

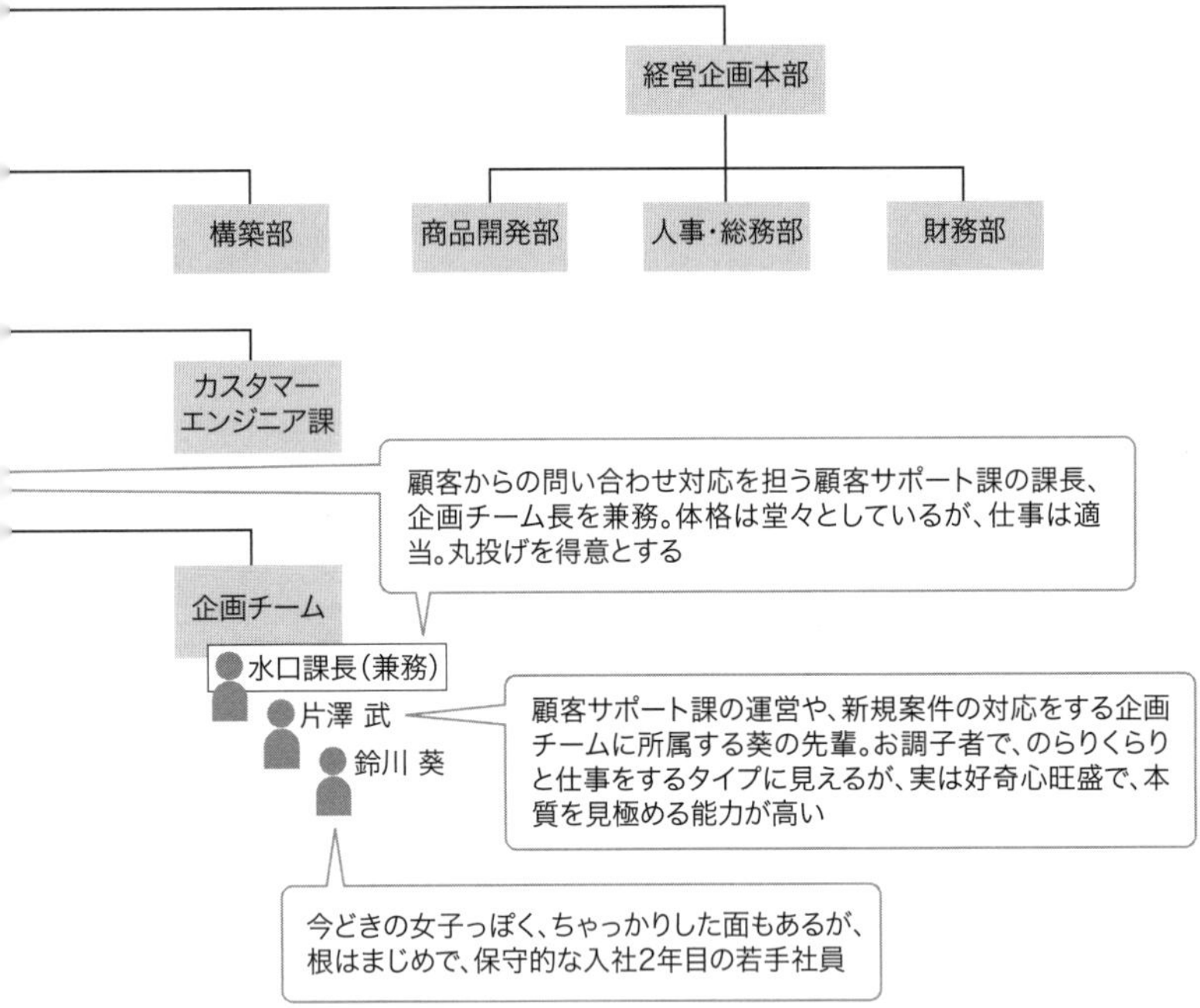
経営企画本部
構築部
商品開発部
人事・総務部
財務部
カスタマーエンジニア課
顧客からの問い合わせ対応を担う顧客サポート課の課長、企画チーム長を兼務。体格は堂々としているが、仕事は適当。丸投げを得意とする
企画チーム
水口課長（兼務）
片澤 武
鈴川 葵
顧客サポート課の運営や、新規案件の対応をする企画チームに所属する葵の先輩。お調子者で、のらりくらりと仕事をするタイプに見えるが、実は好奇心旺盛で、本質を見極める能力が高い
今どきの女子っぽく、ちゃっかりした面もあるが、根はまじめで、保守的な入社2年目の若手社員

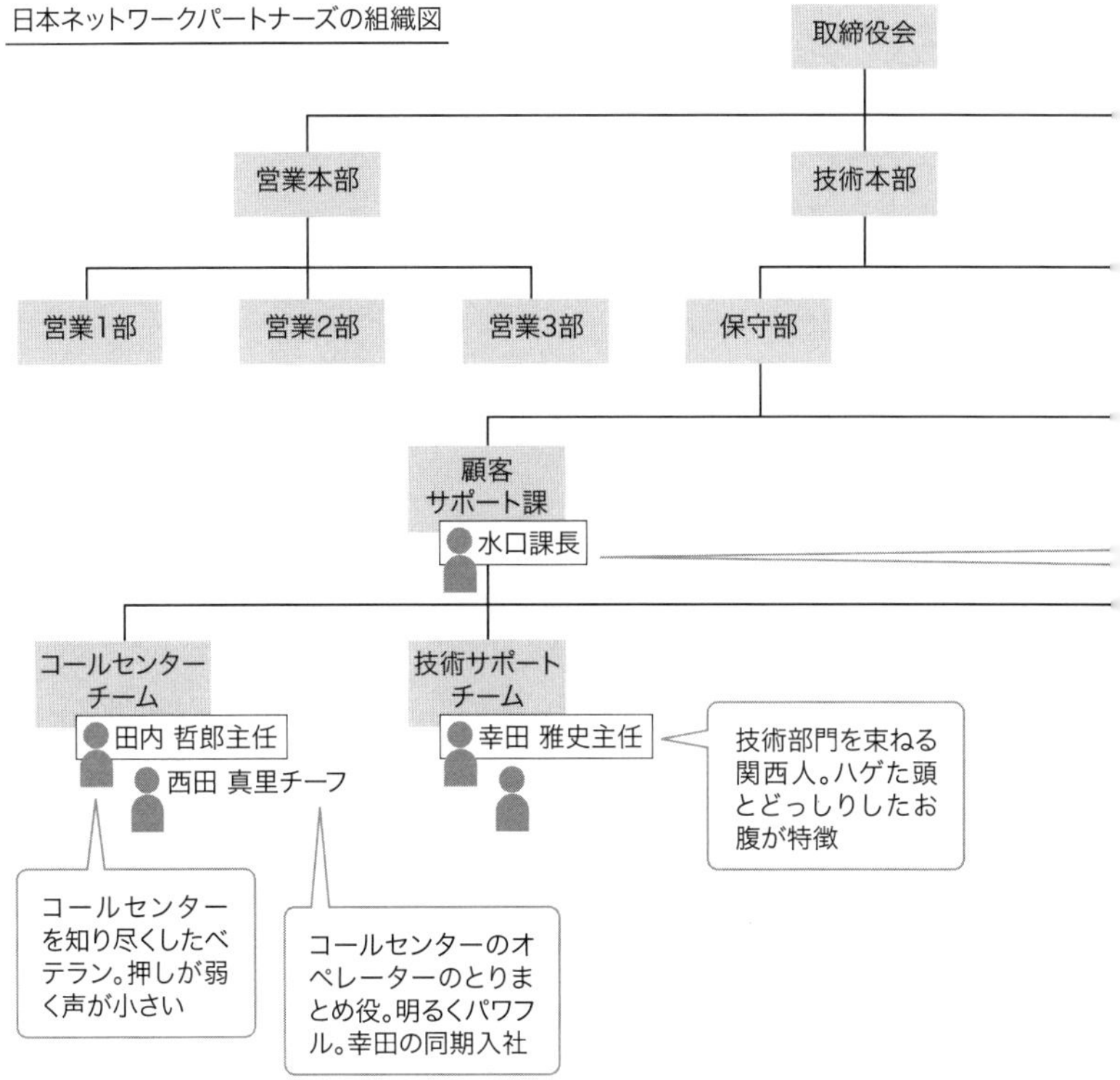
日本ネットワークパートナーズの組織図
取締役会
営業本部
技術本部
営業1部
営業2部
営業3部
保守部
顧客
サポート課
水口課長
コールセンター
チーム
技術サポート
チーム
田内 哲郎主任
西田 真里チーフ
幸田 雅史主任
技術部門を束ねる関西人。ハゲた頭とどっしりしたお腹が特徴
コールセンターを知り尽くしたベテラン。押しが弱く声が小さい
コールセンターのオペレーターのとりまとめ役。明るくパワフル。幸田の同期入社

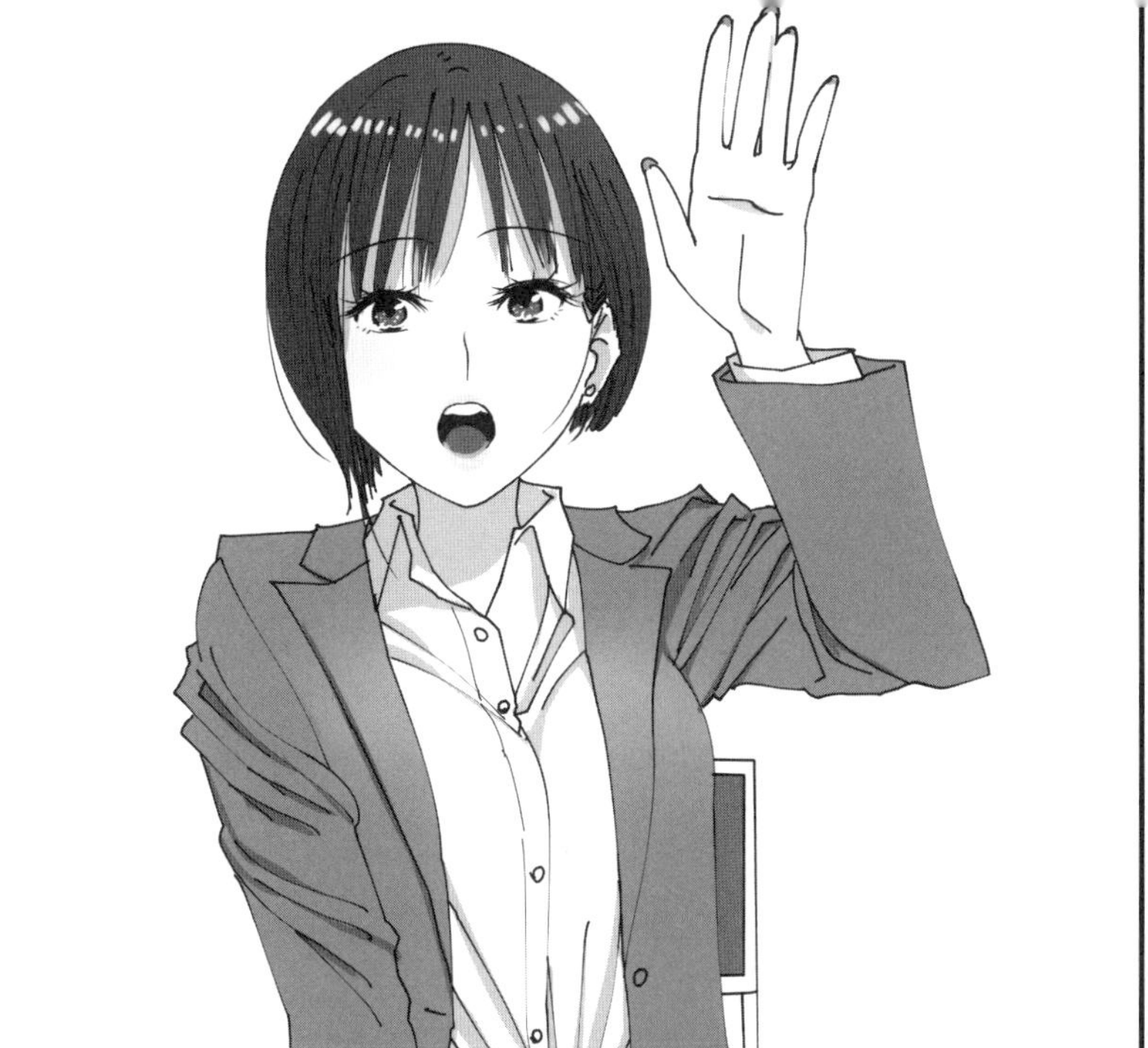

# 第2章
# 確認するファシリテーションを始める

## 「ファシリテーション」ってなに？

「ねぇお母さん、ちょっと聞いてよー」

　金曜日の夜、葵はダイニングテーブルに付くやいなや、会社での出来事を母に話し始めた。葵は父と母と三人暮らしだ。

「今日の会議すっごい眠くてさ、スカイツリーばっかり見ちゃった」

「あら大変だったわね」。テーブルに夕食を並べながら母が答える。

「先輩は隣で寝てたけどね」

「ふふふ、次回は先輩をちゃんと起こしてあげないとね。でも寝ていてお給料もらえるなんて、いいわねぇ」。母は言葉は柔らかいが、なかなか鋭い切り込みをしてくる。

「うっ！　私は寝てないってば！　でも、普段の仕事もつまらないし、初めての会議はもっとつまらなかったなぁ。入社前のイメージと全然違うんだよね。でも大変だからお給料もらえるってわけだし、頑張らないとなぁ」

「ほう、先輩たちの言っていた通りの会議だったわけか？」。リビングで新聞を読んでいた父が会話に入ってきた。

「会議がつまらないなら、楽しくて充実した会議に変えた方がいいんじゃないのか？」

父は正論をサラリと言ってのける。合理主義で良いものは何でも取り入れる性格で、正論をズバズバ言うし、自分でもその通りにやりきる。隙のない出来過ぎ人間だ。業務変革をリードするコンサルタントらしいといえばそれらしいのだが、保守的な葵からすると、父の押しの強い部分は少し苦手だった。昨夜の続きが出たな…と多少うんざりしながらも、テーブルの向かいに座った父の方に向き直って言った。

「でも一流の大企業のやっていることだから、そんなに間違ってないでしょ？」

「そうかな？　父さんはいつも大企業と仕事をしているけど、まともな会議をやれているところなんか見たことないぞ。おっ！　今日は新メニューだね？」。夕食をうれしそうに見ながら、聞きずてならないことをあっさり言う。

「そうなの？」

「うん。そういえば、〝生涯会議時間〟考えてみたか？」

「会議中に考えてみたわ」

「やるな。初内職おめでとう！」

「もう、からかわないでよ！」と言いながら、葵は会議時間がざっと三万時間にもなること、会社人生の四割を占めること、そしてそれを考えてめまいを覚えたことを話した。

「素晴らしい。それだけの時間、苦行に耐えることになるわけだ」。父の言葉に、葵は口をとがらせながらも黙ってうなずいた。確かにその通りだった。

「人生における睡眠時間が二〇～三〇％だから、かなりの割合だな。会議が苦行ってことは、毎日悪夢にうなされて寝るようなもんだな。父さんなら絶対にそんな人生はゴメンだ」

「それはちょっと極端な例よ。強引すぎ。でも、確かにもうちょっとイメージに近いといいのになぁ」

「葵がイメージしていた会議はどんなものだったんだい？」

「うーん。そうだなぁ。入社する前のイメージは、ドラマみたいにプロジェクターを使ってビシッとプレゼンする会議とか。あとは、みんなが自由に意見を言い合うんだけど、最後にバシッと『これで行きます！　決定！』みたいに締める会議かな？」

「なるほどね。じゃあ今の会議は何が気に入らないんだい？　ちょっと待てよ、ノート取ってくるから」。コンサルタントの職業病なのか、本気で何かを聞いたり考えたりする時、父は決まってノートに殴り書きをしていた。つまり、本腰を入れた証拠だった。こうなるとおとなしく付き合うしかない。

「今日の定例会はこんな状況だったの…」。葵が会議の様子を伝えると、父はノートに〝定例会議の状況〟と書き、その下に箇条書きを加えた。

## 〈定例会議の状況〉

### 決まったことが明確になっていない

- 結局何も決まってない気がする
- 何か決まったけど、
  具体的に何をすればいいのかよく分からない

「ははは。典型的なダメ会議だね。こういうのはね、〝ファシリテーション〟する人がいれば劇的に良くなるんだよ」

「ファシリテーションって聞いたことあるわ。中立の司会者を置いて、フレームワークとか付箋を使って議論するやつでしょ？　楽しく議論しましょうって感じの。でもペーペーの私がいきなり『フレームワーク使って議論しましょう』なんて言えるわけないいじゃない」

「意外と勉強してるな。確かに間違ってはいない。でもちょっと誤解がある」。真剣な表情を作ってから父は続けた。

「ファシリテートって『促進する・容易にする』って意味なんだ。ゴールを達成するための活動を促進するってことだ。会議ファシリテーションって言ったら、『会議を促進する、会議を容易にする』って意味になる。会議は何かを決める場だろ？　だから、**何かを決めることを促進する・容易にする技術**ってことだ。そのためにいろんな工夫をする、それがファシリテーションになるんだ」と説明しながらノートにキーワードを書き込んでいく。

「フレームワークを使うのは、ファシリテーション手法の一つに過ぎない。それだけで会議が促進されるとは限らない。何よりプロでも使うのが難しい」

「へー、よく知ってるのね」。葵は父の顔と、ノートを見比べながら感心したように言った。

「父さんはファシリテーション型のコンサルティングをしているんだよ。言ってなかったか？

- ファシリテート:
  容易にする･促進する

- ファシリテーション:
  あるゴールを達成するための活動を、
  促進する･容易にするための技術

- 会議ファシリテーション:
  何かを決めることを促進する･容易にする技術

父さんはプロのファシリテーターってわけ。日本ネットワークパートナーズみたいなクライアントの社内で会議をばりばりファシリテートしてるんだぞ」。父はちょっと得意気な顔になった。

「全然知らなかった…。でも私には関係ないわ。私の会社で『ファシリテーションやります』なんて絶対言えないし、そもそも新入りが何言ったって聞いてくれないよ」

「会議を変えたくないのか？　どうせなら楽しまないと損だぞ?!　毎日悪夢にうなされていていいのか？」

葵は顔をしかめながら反論した。

「いいのよ。恥ずかしいし、私、父さんみたいに肉食系じゃないもん、いいのよ、今のままで。あの会議の雰囲気を変えるなんて無理よ」。どうやら、父の前向きな考え方は葵には受け継がれなかったらしい。

「大丈夫だって！　よし、父さんがファシリテーションのテクニックを教えてやるから、次の会議でそれだけしっかりやってみろ。それで何も変わらなかったら諦めてもいい。何もしないまま諦めるのはダメだ！」。こうなると、父は強引なうえにしつこい。

「えー、本当にイヤなんだけど…」

「父さんはトレーニングの仕事をすることもあるんだが、受講生は何十万円も払って来るんだ。それをタダで教えるんだぞ？」

「別に、頼んでないし…」

「じゃあ、これがうまくいって、もし会議が変わったら、高級レストランのディナーに家族三人で行こう」

「あら、いいじゃない！　葵、頑張ってみたら？」。夕食の支度をしていた母が、いきなり口を出してきた。「この間、外苑前のフレンチの記事を雑誌で見て、行きたいと思っていたのよ」


「お母さん、他人事だと思って…」。口をとがらせて抗議するが、母はすっかりウキウキしている。


「たまには家族で外食したいわあ。葵のお弁当だっていつも作ってあげてるでしょ。いい年なんだし、葵が自分で作ってもいいのよ」

いたた、やぶへびだわ。「うーん…。じゃあ何すればいいの？」。葵は父に向き直って言った。

## 父の講義～「決まったこと」を確認する

「葵でもできそうなことから、ちょっとずつやろう。**会議が終わったタイミングで、〝決まったこと、やるべきこと〟を確認するんだ**」と言いながらまたノートにペンを走らせる。

## 〈 ファシリテーションのテクニック 〉

### 1. 「決まったこと」、「やるべきこと」を確認する

〈定例会議の状況〉

**決まったことが明確になっていない**

- 結局何も決まってない気がする
- 何か決まったけど、
  具体的に何をすればいいのかよく分からない

「え？　それだけ？」

「そうだ。会議は何かを決める場のはずだ。だから会議の終わりには必ず〝決まったこと〟と〝やるべきこと〟があるはずなんだ。定例会では、営業部門へ連絡するという〝やるべきこと〟が発生していたが、葵の先輩の片澤くんは分かっていなかった。もし会議の終わりに改めて確認していたら違ったと思わないか？」

「確かにそうね。でも、それは会議中にしっかり課長の話を聞いていなかった片澤さんが悪いんじゃないの？」

「そこがポイントだ。**『聞いていなかったから悪い』で済ますんじゃなくて、そうならないように会議を進める技術をファシリテーション**って言うんだよ。最後に決まったことを確認してやれば、片澤くんが途中話を聞いていなかったとしても、問題ないだろう？」

　父の言うことは確かにもっともだが、葵は眉間にシワを寄せている。

「うーん。それって、『今の会議ではこういうことが決まったんですよね』って私が確認するってこと？　でもそれじゃ、課長は私が会議の内容をきちんと理解していないと思うんじゃない？　しかも、確認したことが間違っていたらどうしよう」

「確認したことが間違っていても構わないんだよ。間違っていれば誰かが訂正してくれるだろ？それが大事だ。同じように勘違いしている人がいたら、勘違いしたままになっちゃうじゃないか」

「それはそうだけど…」

「切り出し方が難しければ、こう言えばいい。『私の理解が合っているか確認したいんですけど、今日決まったことは、これとこれで、やるべきことはこれ、という認識で合っていますか？』。これくらいなら言えるだろ？」

「うん…まぁ」。葵は父に押し切られる形で、弱々しく首を縦に振った。

「じゃあこれで〝葵ファシリテーター化会議〟を終わりにします。さっそく今の会議で決まったことを確認してくれよ」

「いつからそんな会議になったのよ。えーっと…

今日決まったことは、
●次回の会議で〝決まったこと〟を確認したら、家族で高級レストランのディナーに行く
やるべきことは
●次の会議の終わりに〝決まったこと〟、〝やるべきこと〟を確認する
かな？」

「できるじゃないか。でも、**やるべきことは、〝誰が、いつまでに、何をするか〟を明確にした方がいい。**

今の表現だと〝誰が〟、が抜けているな。両方とも〝葵が〟だな」

「そうね」

「それともう一つ。決まったことは〝葵の会議が変わったら高級レストランのディナーに行く〟だぞ。次の会議で決まったことを確認するだけじゃダメだ。継続的に実践できたらだな」

「えー。ずるーい」と葵がふくれっ面をした直後、同じようにふくれっ面をした母が言った。

「もういい加減にしてよ！　ご飯冷めちゃうわよ？　いつまでやってんの？」

**父の日記**

葵はやる気になってくれたようだ。彼女は昔から保守的だからノセるのに苦労する。もっと伝えたいことがあるが、あれくらいが限界だろう…。忘れないうちに言いきれていないことを書き留めておくことにしよう。余力が出てきたら、ちゃんと伝えたい。

**◆基礎的なことをキチンとやる難しさ**

今日教えたのは、単に「確認する」ということだけだ。至極まっとうな内容で、難しくもない。しかし、世の中の会社でキッチリこれをやれているのはごく一握りだろう。たかが確認だが、されど確認だ。やればやっただけ確実に効果がある。逆にこれくらいのことができないなら、ほかに何をやってもダメだ。まずは確認をキチンとやることに集中してほしい。

もっとも、葵はエンジンのかかりは遅いが、やり始めたら愚直にやるタイプだ。意外とうまくやるかもしれないな。

## ◆ファシリテーターは中立か？

葵がボソッと言っていたが、一般的にファシリテーターは中立だと言われている。確かにテレビの政治討論などでは完全中立のファシリテーターが活躍している。彼ら彼女らは自分の主張はせず、意見を引き出すことや整理することに注力している。

しかし、一般企業ではそれは難しいだろう。中立な立場のファシリテーターに仕切ってもらおうとしたら、会議のたびに他の部署や社外から呼ばなくてはならず、現実的ではないだろう。ファシリテーターは自分の意見を持ち、積極的に発言していい。ただし、自分の意見を押し通すようなファシリテーションはダメだ。意見を言う自分と、客観的にファシリテーションする自分を使い分けることが必要なのだ。

例えば「A案よりB案がいいよ」と言うのではなく、「A案とB案、どうやったらより良い案が選べるでしょうか?」と言う、という具合だ。

## ◆新しいことをやる時は、抵抗がつきもの

今までと違うことをやろうとすると、必ず抵抗が生まれる。これは自然の摂理なので仕方がない。「そんなこと後で確認しろ」とか「そんなことも分かってないのか」とか、「時間がもったいない」とかね。これに屈しないこと。笑顔で「すみません、すぐ終わりますから」と言ってごまかして確認すればいい。

そうして続けていると、誰も文句を言わなくなってくるものだ。効果があるし、決まったことがスッキリ明らかになるから、そのうちやらないと気持ちが悪くなってくる。こうなったら勝ちだ。ここまで頑張ってほしい。

さぁ、葵はどこまでやれるかな…。

## 初めての〝隠れファシリテーション〟

父の講義から二週間が経った。

先週二回目の定例会があったのだが、前日は緊張で眠れず、当日は言い出すことが怖くて、結局何もできずに終わった。会議の雰囲気は前回と全く同じだった。さらに一週間が経ち、今日は三回目の定例会議だ。相変わらず水口課長が淡々と一覧を読み上げている。

「次の問い合わせは、…ああ、スイッチ関連の問い合わせか、最近多いな。技術に詳しくないオペレーターがいくら聞いても対応できないのだから、スイッチ関連の問い合わせの電話は一旦切って、技術サポートチームのスタッフから折り返すようにしよう。コールセンターのオペレーターに伝えないとな」

「そうですね」。片澤が相づちを打つ。今日は起きているようだ。

「この件は問題になっていないので、もういいな。完了だ。次はクレームになっている案件だな、『突然回線がダウンして電話がつながらなくなった』という問い合わせを受けたところ、電話を受けたオペレーターの対応が悪くてクレームになったというやつだ。オペレーターがどんな会話をしたのか確認したいなぁ」

「…」。水口の独り言のようなしゃべり方が災いして、だれも返事をしない。

「課長、このオペレーターさん昨日から夏休みに入ってますね」。会議室の誰かが言った。

「そうか、俺も早く夏休み取りたいなぁ。まぁ誰か確認しておいてよ。さて、次の問い合わせは、…」

いつも通り会議は延々と続き、水口の一言で締めくくられた。

「じゃあ、これで定例会を終わります。何か質問ある?」

決まったことを確認するなら、このタイミングしかない。この瞬間、葵の緊張ゲージは振りきれていた。

(呼吸が苦しぃ…。なんで確認するだけなのにこんなにドキドキするの? でもここで言い出さないと…。三万時間も…。そんなの嫌だ! でも…、やっぱり…どうしよう…ああ…)

「あ…、課長、ちょっと確認させていただいてもいいですか?」と葵は恐る恐る口を出した。

「私の理解のために、今日決まったこと、今後やるべきことを確認したいんですが…」

「なんやそれ? もう終わろうや。こっちは仕事たまってんねん!」。幸田が少しいら立った声で言った。丸々したえびす顔がひきつっている。言いたいことをストレートに言うのはいいのだが、時折言い方がキツく感じる。

(あぁ、やっぱりやめておけばよかったぁー! お父さんのバカバカ…もう泣きたい…)

葵が心の中で叫ぶ。やっぱりいいです! ゴメンナサイ! と喉まで出かかった時、

「あ、俺も確認してもらいたいです」と片澤が言った。

（やったー、助かった！　ありがとう、片澤さん！）

「片澤もそう言っているし、ちょっと確認するくらいいいだろ？」と言いながら水口はジロリと幸田を見た。

幸田が無言で腕を組み、目をつぶったのを見て、葵が慎重に決まったことを確認し始めた。

「ええっと、決まったことは
●スイッチの問い合わせは、技術サポートチームから折り返し電話する対応を取ること
やるべきことは、
●その方針をコールセンターのオペレーターに伝えること
●クレーム案件についてオペレーターがどんな対応をしたのか調査すること
だと思うのですが合っていますか？」

片澤がウンウンとうなずいているその横で、技術サポートチームのリーダーである幸田が目を見開いた。

「なんやて？　オペレーターに伝えるなんて話、出てへんやろ？」

「なんだ聞いてなかったのか？　確かに言ったぞ」と水口。

「ほんまでっか…。せやったら…、誰が伝えましょ?」

「それはもちろん片澤くんだろう?」

「え?　俺ですか⁇　いいですけど、ちゃんと指示してくれないと分かりませんよ。もう」

いきなり話を振られて片澤は驚いた顔を見せた。やること自体は分かっていたが、自分がやるとは思っていなかったのだ。

「クレーム案件のオペレーター対応の経緯は確認せなアカンのですか?　夏休みに入っとるから確認しようがない、で終わったんかと思っとりました」

「本人がいなくても、録音されている通話記録を確認すればいいじゃないか。幸田主任、やっといてくれ」

「なるほど。さえてますやん」と軽口を叩きながら手帳にメモを取る。

その間に葵は父のアドバイスを思い出していた。(ええっと、誰が、いつまでに、何をするか、だったわね…〝いつまでに〟がないな…)

「あの、期限はどうしますか?」

水口の太い声が飛ぶ。「両方とも、次の定例会までだ」

「分かりました。最後にもう一度確認なんですが、

決まったことは、
●スイッチの問い合わせについては、技術サポートチームのスタッフから折り返し電話する対応を取ること
やるべきことは、
●この方針をオペレーターに伝えること、片澤さん担当で、期限は次回の定例会まで
●クレーム案件について通話録音を調べてオペレーターの対応の経緯を確認すること、幸田主任担当で期限は同じく次回の定例会まで
でいいですか？」

「その通りだ。忘れずに頼むぞ」。そう言うと水口は大きな体を揺らして会議室をノシノシ出て行った。

大半の課員は、つまらない会議から解放されて我先にと出口に向かっていた。もわっとした熱気の残る会議室には、片澤と葵の二人だけが残っていた。

「なんだか、全然認識が合ってなかったなぁ」。椅子と机を元の位置に戻しながら片澤がつぶやいた。

「ほんとですね。課長がはっきり指示しないから、よく分かんないんですよね」。葵も片澤に同調した。

「そうだよな？　俺がやるべきことを忘れているわけじゃなかったんだな。葵ちゃんの確認よかったよ。すごく助かった」

「本当ですか？　私こそ、助け舟を出していただいて感謝です。幸田さんに怒鳴られてどうしようかと思いました」。葵はペコリと頭を下げた。

「どういたしまして。幸田さん悪人じゃないんだけどね」。照れくさそうに頭をかきながら片澤が答える。

「あ、それから、葵ちゃん、会議で初めて発言したんじゃない？」

言われてみればそうだった。一回目の会議では、葵は黙って聞いているだけで発言もせず、聞くポイントも絞れず、眠くて仕方がなかった。今日は決まったことを聞き漏らさないように注意して会議に出ていたせいで、全然眠くならなかったことに気がついた。

（そういう効果もあるのかしら…、なんだか一石二鳥?!）

## 振り返り

その日の夜。食後のビールを楽しむ父に、成果報告をする葵がいた。

「悔しいけど、意外と効果があったみたい。お父さん、やるね」

「そうかそうか。どんな効果があったかな?」。ビールがうまいのか、葵の話がうれしいのか、父はやたらとニコニコしながら例のノートを取り出す。

「課長と、主任や先輩の間で、やるべきことの理解が微妙にズレてたの。最後に私が決まったこと、やるべきことを確認したら、認識が合っていないことが発覚して、少し議論になったくらい。確認しなかったら、後から『なんでやってないんだ?』『俺の仕事だと思ってませんでした』って絶対にモメていたと思うわ」

「いい気づきだね。他には?」

「**決まったことって、会議の最初や途中に散らばっているんだけど、時間がたつと忘れちゃう**のよね。最後にもう一度確認することで抜けがなくなったのかな」

「なるほどね。こういう感じかな?」と言いながら、父は先日のノートに書き加える。

## 〈ファシリテーションのテクニック〉

### 1.「決まったこと」、「やるべきこと」を確認する

→参加者全員の認識を合わせられる
→決まったこと、やるべきことが抜け漏れなく確認できる
→やるべきことの、担当者、期限が明確になる

〈定例会議の状況〉

**決まったことが明確になっていない**

- 結局何も決まってない気がする
- 何か決まったけど、
  具体的に何をすればいいのかよく分からない

「そうなの。確認するだけなのにね。それにスッキリするというか、〝**決まった感じ**〟**がグッと出るわ**。『確認していいですか』って、会議を変える魔法の言葉みたい」

「うんうん。やってよかっただろ？　確認するのに抵抗はあったかい？」。父はペンを置いて再びビールのグラスを持ち上げた。

その瞬間、父の手からグラスが逃げ出した。「あぁぁ！　しまった…母さ〜ん！」。テーブルはビールでびしょびしょだ。

「はいはい」。母が何事もなかったようにタオルでテーブルを拭いているのを見て、葵はため息を付いた。父は仕事関連では出来過ぎ人間なのだが、日常生活は全く逆だった。ビールやコーヒーはしょっちゅうこぼすし、財布やカギは年中なくす。家族との会話はすぐに忘れ、同じことを何度も聞いたり、予定を忘れてしまったり…。そのたびに母がフォローするという構図だ。

「はい、代わりのビールね。ノートにこぼさないようにしてよね？」。長年のことなので母の対応も慣れたものだ。娘から見ても、出来た母だと思う。母がいなかったら、この人どうなっちゃうんだろう？

「お父さん、いい加減、こぼさずに飲めないの？　子供みたい」

「仕方ないだろ、これでも気を付けているんだよ。そんなことより他には？」

「もう…。後はね、最初言い出すのは本当に、本当に！　勇気が必要だった。しかも、幸田さんに文句言われて…。片澤さんが助けてくれなかったら気絶していたと思う。寿命が縮む思いだったのよ。でも、言い出しちゃえば案外平気だったかも。だって意見を言ったわけじゃなくて、確認しただけなんだもん」

「うん。若手が会議で意見したり、自分の考えを話したりするのは結構ハードルが高いよな。『経験もないのに』とか『ろくに現場も知らないのに』と言われると言い返せないからね。でも、『確認する』という行為なら、グッとハードルが下がるんだ」

「確かにそうだと思う。私でも発言できたんだから」。葵は思い出すように宙を見上げた。

「たかが確認、されど確認だ。確認しただけで、決まったことが皆に分かって、会議を促進することができただろう？　これがファシリテーションなんだ。**必ずしも司会者として場を仕切る必要はない**んだよ。父さんは〝**隠れファシリテーター**〟って呼んでる」

「やっぱり私が知っているファシリテーションとは少し違うのね」。〝隠れファシリテーター〟なんていう言葉を聞いたのは初めてだった。ファシリテーターは前に立って目立ってなんぼだと思っていたし、そう教わった記憶がある。

「日本には昔から、年長者が人を集めたり、場を仕切ったりする風習があった。そして年長者を敬い尊重する文化もね。多くの会社では同じような雰囲気が残っているんだ。だから若手が場を仕切ったり意見を言ったりすることに抵抗がある。でもこのやり方ならだいぶ食い込みやすいだろう?」。父は一呼吸間を置くと、もう一つアドバイスがある、と言った。

「決まったことと、やるべきことを確認したら、会議の後に参加者全員に確認の結果をメールするといい。備忘録になるし、やるべきことをプッシュする効果もある。気の利く女だと思われること請け合いだぞ」

相変わらず父の話には有無を言わせない迫力がある。ビールさえこぼさなければ、もっと説得力があるのだが…。普段なら拒否するところだが、ファシリテーションの可能性をほんの少しだけ感じていた葵は、黙ってうなずいた。

## 「終了条件」と「予定時間」を確認する

「あー。腹立ってしゃーないわっ！」

父の最初の講義から一カ月が経ち、会議の後に〝決まったこと、やるべきこと〟を確認するのも定番化してきた頃。ＮＮＰ社の食堂で遅い昼食をとりながら、幸田が愚痴をこぼした。

「まぁしょうがないじゃないですか。いつものことですよ」と片澤が応じる。

「でもな、会議が長引いたせいで、こんな定食しか残ってないんやで？　見てみぃ、この唐揚げのカチカチ具合」。幸田はがっくり肩を落としながら、唐揚げをつまみ上げる。

〝カランコロンカラン〟乾いた音が響く。

喫茶店に誰かが入って来た音ではない。つまみ上げられた唐揚げが皿の上に落ちた音だ。

「見事なカチカチさですねぇ」。ラーメンをすすりながら、おかしそうに葵が言った。「まぁ私のも麺がのびのびですけど…」

この会社の食堂は遅い時間になると、イマイチなメニューしか残っていないのだ。昼食前の会議が大幅に延びたために、彼らはこんな状況に追い込まれていた。

「鈴川の〝決まったこと確認〟のせいでさらに会議の時間が延びたやないか」。幸田は空気を読め、と言いたそうだ。

「やだー、ちょっと幸ちゃん、それはないでしょ?」。横から口を出したのは、さっきまで一緒に定例会議に出席していた西田真里だ。コールセンターでオペレーターを束ねるチーフを務めている。幸田とは同期で入社一五年目になる。強面の幸田を、〝幸ちゃん〟と呼ぶのは会社のなかでも彼女だけだろう。「葵ちゃんが〝決まったこと確認〟してくれて助かってるじゃない。会議が延びたのは、議論している私たち全員のせいよ」

「ふん、まぁそういう面もあるわな」。渋々認めて幸田はカチカチの唐揚げを口に放り込んだ。

「幸田さん、すみません。またメールしておきますから」。葵は父のアドバイス通り、「決まったこと&やるべきことメール」を毎回送っていた。

「やだー！　全然すまなくないわよ！〝決まったこと&やるべきことメール〟にすごく助けられているんだから！　もっと自信持って！」。西田はバシッと葵の背中をたたいた。

「そうそう。本当に助かってるよ。やらなきゃいけないことって、会議室を出ると意外と忘れちゃうからね」と片澤は頭をかいている。

「確かに、ああやって、リマインドしてくれるのは悪くない。せやけど、あんなことせんでも、課長がしっかり指示出せばええんや。本来そうあるべきやろ?」。幸田は何かと葵の動きに否定的な発言をする。

「幸ちゃん、あのね」。西田が箸を置いて幸田に向き直った。「言いたいことは分かるけど、〝課

葵のメール

| | |
|---|---|
| 差出人 | 鈴川 葵 |
| 件名 | 7月31日の会議について |
| 宛先 | 水口課長：幸田主任：西田チーフ：片澤さん |
| 送信日時 | 7月31日 |

～決まったこと & やるべきことメール～

問い合わせ対応状況の確認定例会、お疲れ様でした。
今日は空調が効いていて快適に議論できましたね。
いつもの通り、「決まったことと、やるべきこと」をお送りします。
各自対応をお願いしますね。

決まったこと
●No23のクレームについて、客先に出向いて説明を行う。

やるべきこと
●片澤さん
　■過去の説明資料を、幸田さんに送る
　→8/12まで
●幸田さん
　■客先と打ち合わせ日程を調整する
　→8/13まで
　■保守部門への提供資料を作成し、課長のレビューを受ける
　→8/13まで

長が課長が〝って言ったって何も良くならないじゃない。幸ちゃんが昔色々頑張ったのは知ってるよ…。でも、葵ちゃんの確認とかメールのお陰で、みんなやるべきことを忘れずにやるようになったと思わない？　そもそも、確認されて初めて、会議の最中は曖昧にしか分かってなかったことに気づいたりするんだから」

「うーん…」

「私、あれすごくいいなぁと思っていて、コールセンターの会議では、私が葵ちゃんみたいに〝決まったこと確認〟しているのよ」。事実、顧客サポート課内では、葵の〝決まったこと確認〟が評判になり、メンバーがまねして実施していたのだ。その結果、少しずつ会議の終わりに確認することが定番になってきていた。

「もう毎回やらないと気持ち悪くてね」と西田は笑った。

「課長がいい加減な仕切りをするから、何がやるべきことで、いつまでにやるのか、曖昧なことが多いんや」。幸田がハゲ頭をさすりながら、ラストの唐揚げを頬張る。

「やだー、幸ちゃん、そんなことばっかり言って」

――幸田は西田の言葉を聞き流しながら、昔の自分を思い出していた。実は、幸田は会議を良くしようと奮闘した時期があったのだ。せっかちで、ストレートな物言いをする性格もあって、課長のダラダラ会議には耐えられなかった。

当時、会議にまつわる本を何冊も読んで、色々なことにチャレンジした。一般的な会議本に書かれているノウハウは一通り試してみた。

●会議の進行役、記録係を立てる
●会議の目的を明らかにする
●参加者の曖昧な発言を要約して言い換える
●議論をMECEに（漏れなくダブりなく）整理する
●3C、ロジックツリーなどフレームワークを使って議論を可視化する

色々やってみたものの…。面白いほどうまくいかなかった。

「会議の進行役をやります」と宣言すればポカンとされ、会議の目的を確認すれば「目的は議論することだろうが？　何をいまさら」とあきれられた。フレームワークを使おうとすれば、しらけた目が向けられる。最終的には「一人でやってくれよ、話が前に進まない」と水口に言われる始末だった。

「お呼びじゃない」という空気を痛いほど感じて、それから幸田は腐ってしまった。

気心の知れた友人にはよく愚痴をこぼしていた。「俺は会議を良くしようと思っているだけやのに。何を言っても変わらん。会議本も学者が書いた机上の空論やないか。クソが」

幸田の友人たちが勤める会社でも会議の様子は同じようなものだった。頑張って変えようとするだけ、痛い目をみる。上司からも目を付けられる。黙っていた方が得だ。幸田がそんな風に思い始めたのはその頃からだった――。

そんな過去があったから、葵の動きは気に入らなかった。一方で、〝確認〟が習慣として浸透し始めていることに幸田は驚いていた。これまで何も変わらなかった会議が、新人のちょっとした確認によって変化し始めたのだ。（なんでや？　俺の時はうまくいかんかったのに？）

「それにしても！」幸田が太い声をあげた。「いつまでもズルズル続く会議はイラックわ」

「それは同感だわ。いつ終わんねん！　ってツッコミたくなるわよね？」。幸田の関西弁をまねて西田が言う。

「けったいな関西弁使わんといて。サブイボ立つわ」

「やだーひどい。まあみんなが時間内に終わらそうって思えば、もっとコンパクトにできるんだろうけど」。西田は大きなため息をついた。

「はっ、そんなん無理やろな」。吐き捨てるように言って幸田は席を立った。

「じゃあ僕もお先に」。片澤も幸田の後に続く。

食堂の出口に消えていく幸田の後ろ姿を見ながら西田がぽつりと言った。「昔はもっと積極的だったんだけどね…」

「幸田さんですか？」

「そう。さっきは感じ悪かったでしょ？　会議が延びたのを葵ちゃんのせいにしようとして」

「いえ、大丈夫ですよ。西田さんがフォローしてくれましたし」

「幸ちゃんね、水口課長のことが昔から嫌いなのよ。直属の部下だった時にね、会議や仕事のやり方を随分変えようとしていたの。その頃の幸ちゃんはもっと前向きで新しいことを取り入れる感じだったんだけど」

「そんなことがあったんですか？」。葵には意外に思えた。

「色々トライしたんだけど、水口課長は気に入らなかったみたいで、しょっちゅうケンカしてたのよね。幸ちゃんは、『水口は向上心も責任感もないからダメなんだ』ってよく言ってた。だから何かを変えたり、水口課長を助けたりすることが嫌になっちゃってるのよ」。西田は少し悲しそうな顔をした。

「だから、積極的に会議を良くしようとしている葵ちゃんがまぶしくて、つっかかっているんだと思うわ。それに水口さんを助けているように見えるのも気に入らないのかもしれない。でも、全部いわれのない非難なんだから、気にしなくていいからね。私からも言っておくから！」

「そういう話が聞けただけでもよかったです。ありがとうございます」。葵は素直にそう思った。

「やだー、なんかしんみりしちゃったね。とにかく葵ちゃんの『確認』、助かってるからね！」

「はい。でも、時間通りに終わる会議ができるともっといいんですけどねぇ。難しいですね」

「そうねー。全然そうなる感じがしないけどね」とため息を付いた西田は、数日後、目を丸くすることになる。

## 時間通りに終わる会議

数日後――。

定例会にはいつものメンバーが集まっていた。会議での席順はほぼ決まっている。細長い会議の最も奥に、司会者である水口課長が座っている。スカイツリーがよく見えるポジションだ。水口を先頭に、年次が高い順に奥から並ぶ。一番若い葵は、水口から一番遠い入り口側に座っている。誰が決めたわけでもないが、なんとなくそうなっていた。ビジネスマナー上は正しいのだが、年次順に座ると上座の人間の発言が気になってしまうものだ。だから会議でも水口が話し始めるまで皆黙っている。

その水口が、「さて、定例会を始めます」と言いながら、問い合わせ内容の一覧を全員に配り始めた。

「今日は問い合わせの件数が多いぞー。長引くかもな」

「えー。まじですか…」「次の会議もあるんですけどねぇ…」。他の参加者がざわついている。

その時、葵がそっと手を挙げた。

「あ、あの、水口課長、確認したいことがあるんですが…」

「なんだ？　早く議論を始めたいんだが？」

「あの、どういう状態になったら『今日の会議終了！』と言えるんでしょうか？」。葵が恐る恐る言った。

真っ先に反応したのは幸田だった。「なんや、鈴川またかいな？　わけわからんことを」

「あの、会議の終了時の状態がイメージできていれば、的外れな質問も減らせると思うんです」

幸田のことは見ずに、まっすぐ水口を見たまま葵が言った。

「うーん。会議終了の状況ねえ、そうだなー…」

「ええっと、『事後対応が必要な問い合わせについて、対応方法と担当者が決まったら会議終了』と考えていいですか？」

「うん、そうかもしれないな。たぶんその通りだ。みんなもそういう状態になるように集中してくれよ。幸田も頼むぞ」

「はい」。幸田は腕を組んで険しい表情になった。

「あ、もう一つ、会議の時間を確認したいのですが」

「会議の時間は一時間だろう?」。今度は片澤が口を開いた。

「いえ、議題ごとの時間です。今日は内容が多そうなので時間配分を確認しておきたかったんです。議題はこんな感じですよね?」。葵はホワイトボードに議題を箇条書きにした。あーなるほど、という感じで、片澤がうなずく。

「うーん、そうだな…、片澤、どのくらいかかるかな?」。水口は答えに困ると、すぐに部下に丸投げする。

「え? 俺ですか? …えーっと…うーん。それぞれこんな感じですかね? 時間がきついなぁ」と言いながら、片澤がその横に時間を書き込んだ。

定例会議〈議題〉
- ●問い合わせ内容の確認　5分
- ●事後対応が必要なものを選定　15分
- ●事後対応方法と担当を決める　35分
- ●決まったこと、やるべきこと確認　5分

「なるほど、ありがとうございます！　時間いただいてすみませんでした」と葵。

「まぁ、よく分からないけどいいよ。じゃあ時間もないし、さっさと始めよう」と水口。

　このやり取りを見ていた片澤は、天性の勘の良さを働かせていた。

（時間配分…そうか…なるほどな…）

「問い合わせ内容の確認をします。二〇一五年八月一二日一二時一二分、A社のシステム担当者様からの問い合わせで、『通話録音の結果が聞けない』という内容で問い合わせあり。オペレーターがマニュアル通りの障害切り分けを行い、お客様の操作ミスであることが判明し、本件の対応は完了。さて、次の問い合わせは…」。水口はいつもの調子で一覧を読み上げ始めた。

　このペースでいくと、最後まで読み上げるのに三〇分はかかる。参加者から（時間がないっていうのに、またか…）という雰囲気がにじみ出ているのを確認すると、葵は勇気を振り絞った。

「水口課長、問い合わせ内容の確認は五分の予定ですけど、このペースで終わりますか？」

「終わらないかもしれないが、やるしかないだろう？　内容確認しないと次にいけないじゃないか。このやり取りでさらに時間が延びるぞ」

「あ、でも課長」。片澤が資料をパラパラ見ながら声をあげた。「全部読み上げていただかなくても、ざっと目を通せば対応が必要そうなものは絞れるんじゃないですか？」

「そうかもしれないわね。課長に読んでもらうのも悪いし。一分だけ目を通す時間にしませんかか？」。西田は既に資料をめくり始めている。

「まぁいいだろう」と水口が言ったので、全員が資料に目を通し始めた。

――少しの沈黙の後、西田は資料にチェックを付けた箇所を確認して「見た感じ、一番と、三五番は対応が必要じゃないですか？　幸ちゃんどう？」と大きな目を見開いた。

「もう一件、一二番も追加した方がええんちゃうかな？　これは議論しとかなアカンやろ」

「じゃあ全部で三件だな。一件目からやるか」。資料を朗読しなくて済んだ水口は少し寂しそうだったが、議論に取り掛かった。一件目は、クレームだった。ネットワークの不調でコールセンターに問い合わせをしたのだが、折り返し電話をかけてきた協力会社の技術者に腹を立てていた。対応が悪かったらしい。いわゆる二次クレームだ。お客さま相談窓口ではよくあることだ。

「今どういう状態なんや？　誰が対応しとるんや？」。幸田は状況を確認しようと、コールセンターのチーフたちの顔を見渡した。質問の回答より先に水口が口を開いた。

「それにしても、またか。ウチの技術者はお客様に対しての口の聞き方が全くなってないな。どういう教育しているんだ。技術サポートチームのリーダーは幸田だよな」

「まぁ…、技術者には去年からコール対応のトレーニングを始めとりますよ」

「どんなトレーニングなんだ？」

「コールセンターのオペレーターさんに講師をやってもらって、実践的な演習をやっとります」

「効果あるのか？　効果検証はどうしているんだ？　クレームが減らないと教育の意味がないだろう？」

「そりゃそうなんやけど…」

「そういえば、協力会社の受け答えが原因のクレームは増えているのか？　減っているのか？　数字はあるのか？」。水口は矢継ぎ早に質問を繰り出していく。

「それは今ここですぐに出せませんわ。でも感覚的には減ってきているんと違いますか？」

「すぐに出せないってどういうことだ？　数字は取ってないのか？　大体な——」

完全に元の議論からそれて、別の話になってしまったが、水口の独演会は止まらない。質問しているうちに、他のことが気になり、また質問する。こうして本題はどこへやら…。いつものパターンだ。話しているのも水口と幸田だけで他のメンバーは暇そうにしている。これでは当然時間通りに終わるワケがない。

「あ、あの…」。小さくなりながら葵が口を挟んだ。

「大事な話だと思うんですが、『問い合わせへの対応方法と担当者が決まったら会議終了』だって課長が説明してくださったので、ひとまずそれに集中しませんか？　時間もないですし」

「そうしましょう！」。片澤がパンと手を叩いた。「僕もこの後、次の打ち合わせがあるんで、そうしてくれると助かります！　今のお話は、会議が終わった後に別で確認した方がいいですね」

「ああ、まぁそうだな。やれやれだいぶ話がそれてしまったな。ええっと、対応策に戻ろう。そもそも状況はどうなっているんだ?」

西田が顧客担当者との具体的なやり取りを含めて、現在の対応状況を説明した。水口は一通り聞いて、「分かった。大事なお客さんだし俺が直接お詫びと説明をしに行くことにしよう」と対応方法を決めた。

「ええと思います。連絡してアポイント取りましょう」。幸田がほっとした声を出す。

これで第一の案件が片付いた。「さぁ次は何だ?」と水口が張り切る。

「次は、故障対応が遅くてお客様がお怒りになっている件ですね」

「うーん、またこの部品で故障か? この間も同じ部品で故障があったじゃないか」。技術スタッフの誰かが言った。

「そういえば、その時の故障の原因分析はどうなっているんだ?」

「いや、まだ結果は出ていませんよ」。技術スタッフ間のやり取りが続きそうになった時、西田が手を挙げた。

「はいっ! その辺にして、先にこの案件の対応方法を決めちゃわない? それが決まらないと会議終われないわよね?」。西田のこの一言で、自然と〝顧客対応をどうするか〟に議論が戻っていった。

そのとき「残り二〇分ですね」と葵がぼそっと言った。

「やだー、もうそんな時間？　ペースを上げないとね！」

——数分後。

「この件は片澤が対応してくれるか？」

「はい、いいですが、一点確認させてください」

「残り一〇分です！」。葵が発破を掛けるように言った。

「うん。ギリギリ終わるかな？　集中しよう」

——さらに数分後。

「これで全部完了かな？　ふう、なんとか時間通りに終わったな」。水口は大きく息を吐きながら天井を見上げた。

気が付くと、「絶対に時間をオーバーする」と思われた会議は、時間内に終わっていた。

「〝決まったこと、やるべきこと確認〟をしますね」。葵がいつものように確認をする——。

「さぁ、お疲れ様、なんだかんだで終わったな！　よかったよかった。いつもこのくらい早いと片澤も寝ないで済むのになぁ？」。水口に言われて片澤は首をすくめた。

「いつも寝てるわけじゃありませんよぉ。でも、今日は余計な話がほとんどなかったですね」

「みんなが集中してくれたからだろうな。次回もよろしく頼むぞ」

ノシノシと水口が会議室を出ていく。

「オマエがズレた話をするから毎回時間がかかるんやろうが…」。幸田はその後ろ姿に悪態をついて、会議室を出て行った。

「ちょっと！」。会議室を出ようとする葵に西田が声を掛けた。「なんか今日の会議すっごいスピーディーだったわね！」

葵は顔をほころばせた後、小さくうなずいた。「一工夫してみたんです。うまくいきましたねー。よかったぁ」

片澤も話に乗ってきた。「俺、すぐ分かったよ。時間を確認したのがポイントだろう？」

「ふふふ、他にもありますよ」。葵は昨夜、父から教わったことを二人に話して聞かせた――。

## 父の講義〜ダラダラ会議を変える

数日前、食堂での〝唐揚げカチコチ事件〟の後、葵は父に相談を持ちかけていた。

「会議を時間通りに終わらせる？　できるよ、簡単さ」。父はあっさり答えた。

「えー？　そんなことできるの？」。夕食後のゆったりした時間帯、ダイニングテーブルでビールを飲む父の横に葵は座った。

「そろそろ次の段階に行ってもいい頃だしな。さて、ノート、ノート…」。かばんからノートを出しながら葵に真剣な目を向ける。仕事のスイッチが入ると父は目つきが変わる。

「そもそも、なんで会議がダラダラ長くなるんだと思う？　みんな早く終わりたいと思っているはずなのにおかしいよな？」

「うーん…確かにそうね…。うまく言えないけど、何を議論したいのか分からない時があるかな。探り探り話をするから関係ない話が多くなってしまうのかしら…。話が脱線している感じがするのよね。でも、関係ない話なのか、必要な話なのかよく分からなくて…。だからどうしても時間がかかってしまうのかも」

父はノートに、「時間通り終わらない」「関係ない話が多い」「話が脱線する」「議論すべき話なのか不要な話なのか判断できない」と書き入れた。

## 〈ファシリテーションのテクニック〉

### 1.「決まったこと」、「やるべきこと」を確認する

→参加者全員の認識を合わせられる
→決まったこと、やるべきことが抜け漏れなく確認できる
→やるべきことの、担当者、期限が明確になる

## 〈 定例会議の状況 〉

### 決まったことが明確になっていない

- 結局何も決まってない気がする
- 何か決まったけど、
  具体的に何をすればいいのかよく分からない

### 時間通り終わらない

- 関係ない話が多い
- 話が脱線する
- 議論すべき話なのか、
  不要な話なのか判断できない

「なるほどね。では、なぜ〝関係ない話なのか、必要な話なのか〟が分からないんだろうか？」

「うーん。会議の目的がよく分からないから、かな？」

「その通りだ。やるじゃないか。世の中の会議の本には、大抵一ページ目に〝会議の目的を明確にせよ〟って書いてある」

「私も読んだことある。でも…」

「『でも、この会議の目的は何ですか？　なんて怖くて聞けないわ。お父さんじゃないんだから』って言いたいんだろ？」

「そう！　なんで分かったの⁉　そんなこと聞いたら『お前は馬鹿か？』って言われるわよ」

口をとがらせた葵を見て、父はニヤリとした。

「そうだろうなぁ。目的が大事だってどんな本にも書いてあるけど、目的を確認するのは意外と難しいんだ。しかも、新人が偉そうに『目的を確認させてください』なんて言えるワケがない。『目的は議論することだ！』『目的は状況を共有することだ！』『そんなことも分からんのか！』とか言われるのがオチだ」

「なんだか怒られている姿は想像できるわ…。だったら、どうすればいいの？」。葵は、早く答えを教えてよ、と言わんばかりの顔をしている。

父は小さくため息をついて、「〝**どうなったら会議終了！　と言えるんでしょうか？**〟**と聞けばいい**」

と言った。

「どうなったら会議終了か？」

「そう、例の定例会議であれば、どういう状態になったら終了！　っていえるんだろう？」

「ええっと…、たぶん…」。葵は考えるように目をつぶった。

「〝事後対応すべき案件について、対応方法と担当者が決まったら〟会議が終われると思う」

父は大きくうなずきながらノートにメモをする。「なるほどね。じゃあそれが会議の終了条件になる。『対応方法と担当者が決まった状態』になったら会議を終わりにできる。初めからそれが共有できていたら、全員が対応方法と担当者を決めるために必要な議論だけに集中しようとするだろう。なぜならみんな早く会議を終わりにしたいからだ」

## 〈ファシリテーションのテクニック〉

### 1.「決まったこと」、「やるべきこと」を確認する

→参加者全員の認識を合わせられる
→決まったこと、やるべきことが抜け漏れなく確認できる
→やるべきことの、担当者、期限が明確になる

### 2. 会議の終了条件を確認する

●どういう状態になったら会議終了! といえるのか
定例会の終了条件：「対応方法と担当者が決まった状態」

## 〈 定例会議の状況 〉

### 決まったことが明確になっていない

- 結局何も決まってない気がする
- 何か決まったけど、
  具体的に何をすればいいのかよく分からない

### 時間通り終わらない

- 関係ない話が多い
- 話が脱線する
- 議論すべき話なのか、
  不要な話なのか判断できない

「そういうことか…。うん、ちょっと分かる気がする。〝対応方法と担当者が決まった状態〟を作るためには、〝対応方法を検討すべき案件〟だけ議論すればいいはずよね。いつもはどうでもいい案件の話に時間をかけ過ぎているのかも…」

「そういうことだ。『終了条件に合致する状態を作りだそう!』と全員が思っていれば、自然とベクトルがそろう。逆に**終了条件が不明確だと何をどのくらい議論すればいいのか分からない**から、好き勝手に話し始める。だから、議論が発散するんだ。実際は〝明らかに関係ない話〟はまれで、微妙なラインの話が多い。だから終了条件をパリっと明確にして常にチェックしないと、脱線していることに気づけないんだよ」

確かに…と葵は会議の風景を思い返してみた。水口にすれば、幸田や片澤に質問しているうちに気になることがどんどん出てくるのだろう。管理職という立場なのだから無理もないが、大事な話だとしても、全員がそろう定例会で話さなくても、場を改めて、幸田なり片澤なりと一対一で話せば済む。

葵が考えている間、父はさらにノートに書き足した。

「こんな状態の会議は終了条件が不明確だと思っていい。例えば〝××について意見を出してほしいんですが、何かありますか？〟とか〝××について説明します。まず…、〟という感じで始まる場合だ」

ノートをのぞき込みながら葵が苦笑いした。「ウチの会議は、大体こんな感じで始まるよ」

「そうだろうね。**〝××について意見を出してください〟だと、終了条件がさっぱり分からない。**意見をどこまで言ったら会議が終わるのか誰もイメージできないだろう？　参考程度に数個意見が出たらそれでいいのか、全部出し切ったら終わりなのか、意見を出して有力な案に絞り込んだら終わりなのか…」

「確かに、言われてみるとそうね。全然気が付かなかった…」

「やることは、ただの確認だから難しくないだろう。『すみません。××という状態になったら会議終了！　と考えていいんですよね？　その状態になるように集中します』と言えばいいんだ」

## 〈ファシリテーションのテクニック〉

### 1.「決まったこと」、「やるべきこと」を確認する

→参加者全員の認識を合わせられる
→決まったこと、やるべきことが抜け漏れなく確認できる
→やるべきことの、担当者、期限が明確になる

### 2. 会議の終了条件を確認する

●どういう状態になったら会議終了！ といえるのか
定例会の終了条件：「対応方法と担当者が決まった状態」

●誰もがイメージできる状態を考える
→全員で一丸となって、終了状態を目指せる

〜こんな始まり方の会議は、終了条件が不明確〜

「xxについて意見を出してほしいんですが、何かありますか？」

「今日の会議はこんな流れで進めます。まずxxなんですが‥」

「xxについて説明します。背景として…」

## 〈定例会議の状況〉

### 決まったことが明確になっていない

- 結局何も決まってない気がする
- 何か決まったけど、
  具体的に何をすればいいのかよく分からない

### 時間通り終わらない

- 関係ない話が多い
- 話が脱線する
- 議論すべき話なのか、
  不要な話なのか判断できない

父はペンを置いて葵を見た。

「簡単かどうかわからないけど…やることは分かるわ…」と葵はつぶやき、父を見上げた。

「似た話を知ってる気がする。私、合唱をやっていたじゃない？」

葵は中学時代、合唱部の部長を務めていた。かなり実力のある学校だったはずだ。葵も熱心に練習していて、休みの日も部活に出掛けていたのを覚えている。

「同じ地域に、すごくうまい学校が二つあったの。片方は精密機械のような合唱をする学校。もう一つはそこまで技術が高いわけじゃないんだけど、なんだか感動する素敵な歌を披露する学校だったの。感動する合唱をする学校の秘密がどうしても知りたくて、突撃取材をしたのよ」

「ほう？」。父は興味を引かれて身を乗り出した。「いや、葵がそんな思い切った行動を取ったとは！　すごいじゃないか」

「何言ってるの、あの時あなたに話したわよ？」。食器を洗いながら母があきれ顔をしている。

「自分以外のことは本当に覚えてないんだから」

「ううっ、そうなのか…」。母の発言には父も勝てないらしい。葵は二人のやり取りを見てニヤリとしながら続けた。

「それでね。普通は音程合わせの練習を最初にやるんだけど、その学校では最初に絵を描いていたの」

「絵？　音楽と関係ないじゃないか？」

「そう思うでしょ？　私もびっくりした。歌詞に沿って絵を描くんだって。例えば〝青い空〟って歌詞があったら、この空はどんな青なんだろう？　深い青？　クリアな青？　ってみんなで話し合って絵を描くの。つまり、この合唱で表現したい情景を一致させてから練習するってこと。そうしないとみんなの思い描く合唱がズレてしまうからなんだって」

「なるほど、確かに一緒だな。目指す姿を一致させているんだな」。感心して父がうなった。

「それにしても、そんな積極的なことをやっていたとはなあ！」

父に追加のビールを手渡しながら母が口を挟んだ。「あの時も同じこと言ってたわよ？　本当に覚えてないのね」

「うーん…。なんで忘れちゃうんだろうなあ。でも面白い話だよ。合唱も会議も同じなんだな。**目指すべき状態を共有しておくことが大事なんだ。たったそれだけで、全員が勝手にその目標に向かってくれるようになる。**これがファシリテーションの考え方だ」。興奮気味にビールをぐっとあおる。

「さて、全員が同じ目標に向かって走れるようにするために、もう一つ大事なことがある。会議にかける時間を確認するんだ」

「会議の時間は一時間って決まっているわよ。いつも一・五〜二倍はかかっているけど」

「いや、その時間じゃない。一時間の会議は、いくつかの議題で構成されているだろう？　それぞれの議題にかける時間だ。議題はどうなっているのかな？」

「そうね。定例会は大体こんな構成かしら」。葵は父のノートに書き出してみた。

●事後対応方法を議論する
●事後対応が必要なものをピックアップする
●問い合わせ一覧を確認する

「なるほど、何分ずつかけるのが理想かな？」

「うーん、難しいけど、こんな感じかなあ」と葵は数字も書き入れてみる。

●問い合わせ一覧を確認する　5分
●事後対応が必要なものをピックアップする　15分
●事後対応方法を議論して担当者を決める　40分

「いいね。それを会議の最初に確認するだけだ。**明らかに時間が足りない場合は、議論する前に、**

**どうすべきか話し合う。**時間を延長するのか、進め方を変えるのか。日を改めたり、宿題にしたり、色々な方法が考えられるだろう？」

葵はちょっと顔をしかめた。「よく分からないんだけど、そうすると何が良くなるの？　結局会議が長くなるのは同じなんじゃない？」

「いい質問だ。〝締め切り効果〟って聞いたことあるか？　締め切りが決まっていると、それに間に合わせようという意識が働くんだ。心理学では有名な効果だ」

「聞いたことあるかも。ダイエットとかでも期限を決めると効果が出やすいって言われるわ」

父は満足そうにうなずいた。「議題ごとに時間配分を確認すると、締め切りが細かく設定されることになるんだよ。そうすると時間内に間に合わせようという意識が働いて生産性が上がる。できれば会議中に、誰かが『あと何分ですよ』と伝えると効果が倍増する。一時間前、三〇分前、一五分前、一〇分前、五分前、に残り時間を宣言するといい」

父のノートに書き込みが増えていく。

## 〈ファシリテーションのテクニック〉

### 1.「決まったこと」、「やるべきこと」を確認する

→参加者全員の認識を合わせられる
→決まったこと、やるべきことが抜け漏れなく確認できる
→やるべきことの、担当者、期限が明確になる

### 2. 会議の終了条件を確認する

●どういう状態になったら会議終了! といえるのか
定例会の終了条件：「対応方法と担当者が決まった状態」

●誰もがイメージできる状態を考える
→全員で一丸となって、終了状態を目指せる

～こんな始まり方の会議は、終了条件が不明確～

「xxについて意見を出してほしいんですが、何かありますか?」

「今日の会議はこんな流れで進めます。まずxxなんですが‥」

「xxについて説明します。背景として…」

### 3. 議題ごとの時間配分を確認する

●時間内に収まりそうなのか確認する
●途中で残り時間を宣言する
→時間内に収める意識を最大化できる

〈 定例会議の状況 〉

**決まったことが明確になっていない**

- 結局何も決まってない気がする
- 何か決まったけど、
  具体的に何をすればいいのかよく分からない

**時間通り終わらない**

- 関係ない話が多い
- 話が脱線する
- 議論すべき話なのか、
  不要な話なのか判断できない

「もう一ついいことがある。改善のサイクルが回せるということだ。一五分と予想したけど三〇分かかった場合、何が悪かったのか？　進め方、時間の読み、協力体制…。予定時間と、実際にかかった時間を明らかにしておかないと、振り返って良し悪しを考えることすらできない。当然これでは生産性など上がるはずがない」。父は興奮してきたのかどんどん早口になる。

「製造業などでは考えられない状態だよ。『今日一日で、何個作れるか分からんけど、とりあえず作ってみるか〜。ふー。作った作った。なんかすごく時間がかかった気がするけど、まぁいいか。明日もそんな感じで作りましょう』なんていう状態はあり得ないぞ。ホワイトカラーの働き方ってのはこれだから…」

「あー。分かった分かった」。父の話が走りだすと手に負えなくなる。これこそ話の脱線だろう、と思いながら、葵は反論した。「でも、議論を遮って残り時間を確認するなんてできないわ」

「議論を止める必要はないよ。独り言のようにつぶやけばいい」

「それでいいの？」

「思い出させるだけでいいんだ。〝あと一〇分しかない！〟とみんなが思ったらそれでいい。まぁ、やってご覧よ」

父は残りのビールをぐいっと飲み干した――。

――一気に話し終えると葵は大きく一息ついた。「…という感じだったんです」

「なるほどね。そういうことだったのか」。葵からタネ明かしをしてもらった片澤は、腕組みをしながら低くうなった。実際に会議が良くなったと感じたうえでのタネ明かしだから納得感も大きかった。

葵は少し間を置いて、二人に聞いてみた。「実際あの場にいてどうでしたか?」

「やだー、すごいよかったわよ! スパーンって感じで!」

片澤が大げさにズッコケた。「西田さん、感想が雑過ぎですよ」

「じゃあ片澤くんは? バシッとしたこと言ってくれるんでしょうね?」

「うっ。うーん…。…会議の初めに時間配分を頭に入れるってことが大事なんだって感じたかな。今まで時間配分なんて考えたことがなかったから、どのくらい時間かけるか?って聞かれた時に、即答できなかった」。空中をにらみながら声を絞り出す。

「やだー、まともなこと言うじゃない! でも確かにそうね」

「自分で言っててアレだけど、時間配分を考えたことがないってのは大問題だよね…。今回、時間配分を考えたから、その時間で収めようって意識が働いたと思うんだ。これまで適当に議題を書いていたけど、合わせて時間配分もしっかり考えたいな。そんなに手間のかかることじゃないし」

片澤はなかなかいいことを言う。葵は彼の話を聞きながら、改めて父から教えてもらったことの効果をよく理解できた気がした。

「そう言われると、普段は何にどのくらい時間をかけて議論すればいいのか、あやふやなまま議論していた気がします。会議中、『この話に、こんなに時間使っていいんだっけ？』と思うことがしょっちゅうありましたから」

葵の言葉に、西田が深くうなずいて同意した。「確かにそうね。私なんかしょっちゅう、『いつまでこれ議論するのよ？』って思ってるもん」

「だったら会議中にそう言ってくださいよお」と恨めし気に言った片澤は言葉を続けた。

「それから、〝会議の終了条件〟も俺は好きだな。どういう状態になったら会議が終わるのか明確だと、その状態を作ろうって思えるし、その状態に向かっているか、脱線しているのか判断しやすかった。**『このまま話しても全然終了状態にならない』**って思ったら脱線しているんだからね」

「やだ。片澤くん、今日さえてるじゃない！」

「でしょ？」。片澤がおどけてみせる。「しかし、なんだか自分で振り返っていて、ちょっと鳥肌立つなぁ。たったこれだけのことなのになぁ…」。片澤は頭をかきながら葵に向き直った。

「こんな魔法みたいなこと教えてくれるお父さん、一体何モノなの？」

## 父の日記2

どうやら「確認するファシリテーション」は、やり切っているようだ。さすが言われたことはキチッとやる子だ。今回はタイムキープの話と、終了条件の話を教えたが、難しさが一段上がる。特に終了条件の確認は、言い出すのが難しいものだ。勘のいい人がそばにいて支援してくれればいいのだが…。まぁ心配しても仕方ないか。

一度にたくさん伝えすぎると葵が混乱すると思って、今日は言わずに我慢したことがいくつかある。忘れないように書いておいて、いつか話してやろう。

### ◆会議で資料の読み上げ禁止

会議で一番無駄な時間は、「資料を読み上げる」時間だ。誰かが音読するより、個々に黙読する方がはるかに早い。資料が用意されているなら、事前に読んでもらうか、その場でざっと目を通してもらえばいい。そのために資料を作っているはずなのだが、なぜか会議中に読み上げようとする。経験上、特に報告系の定例会議でよく起こる。

資料をざっと黙読して、相談しなければいけないポイント、議論したいポイントだけ話せばいいはずだ。これだけで会議時間が三分の一になることもある。効果絶大な方法だが、葵はまだ会議の進め方には口を出せないだろう。〝資料を読み上げるのは禁止〟なんて彼女が言えるはずもないからな…。この話はもう少しファシリテーションに慣れてから伝えることにしよう。

### ◆「会議の目的」は非常に難しい

これは私のこだわりの話なので、葵に話すかは別途考えねばならないが…。「会議の目的」という言葉はあちこちで聞くが、意味をはき違えている人が多すぎる。「目的は議論すること」「目的は情報を共有すること」なんて平気で言う人がいるが、それは意味がない。やることだけが語られて、何を達成したいかが不明確なままだからだ。

「議論して結論を出したい」とか、「情報を共有して全員が機器を使える状態にしたい」とか、議論や共有の先に何かがあるはずなのだ。それが明確でなければならない。だから、私が教える時は「目的」を「終了条件」という言い方に変えて表現している。この方が適切な目的を設定しやすい。「目的」という言葉で逃げずに「終了条件」を考えてほしい。

### ◆終了条件設定の例

これは難しいので、少し具体例を出しておこう。

例えば、商品開発部が営業部の課長を集めて、来月発売される新商品について説明会兼打ち合わせを行う時、終了条件をどう考えればいいのだろうか?

ダメな例はこれだ。〝すること〟は手段に過ぎない。

×新商品の概要を説明する

惜しいのはこんな例。状態で考えているのはいいのだが具体性がない。つまり終了状態を参加者がイメージできないのだ。

△新商品の概要を理解した状態

良い設定の仕方はこんな感じ。

○営業課長が、新商品の概要を部下に説明できる状態
○営業課長が、新商品がどんな顧客に有効なのかを理解した状態
○営業部門が、顧客に新商品を提案できる状態

どんな状態なのか具体的にイメージができるだろう。

三つの例を挙げたが、どの終了状態を目指すかによって参加者の発言も、質問の観点も異なる。「部下に説明できる状態」と「顧客に提案できる状態」では参加者の心持ちも異なるはずだ。終了状態の設定は会議の質に直結するのだ。

## ◆始め方の難しさ

会議ファシリテーションを始めるのは実はかなり難しい。組織にその土壌がないからだ。全くの異文化を一社員が持ち込み、浸透させるのは本当に難しいものだ。よくある始め方の失敗例を幾つか挙げておこう。

### 失敗① フレームワークなど高度なことを始めること

3C、4P、SWOTなど有名なフレームワークは、会議はもとより、論理的思考を解説するあらゆる本で紹介されているが、ハッキリ言うと普通のサラリーマンがSWOTを使って会議をするシーンなど、まずない。日々の会議を考えれば分かるだろう。なんでもかんでもフレームワークを使おうとすると、とんでもない目に遭う。

## 失敗②　いきなり会議の進行役を買って出ること／進行役を置こうとすること

これをやると仕切り役として変に期待されることになる。仕切るプロでもないのに過度な期待がかかるのは相当につらい。結局何もできずに終わるのがオチだ。そもそも、会議を主催している人がいい顔をしない。「俺の仕切りに不満があるのか？」なんて言われたりして。だから、会議の一参加者の立場で、〝隠れファシリテーション〟から始めるべきなのだ。

## 失敗③　会議の目的を偉そうに確認すること

会議の教科書の一ページ目には目的を確認せよと書かれているのだが、大抵の人は「目的は？」と聞かれても的確に答えられない。さらに、「目的が曖昧ですね？」なんて言われようものなら、主催者のプライドは大いに傷ついてしまう。

隠れファシリテーションをする時は、絶対に偉そうにしてはならない。出しゃばっちゃダメだ。会議を仕切る人のプライドを傷つけないように、〝こうなったら会議終了って考えていいんでしたっけ？　すみません、ちょっと理解が追いついていなくて…〟くらいの雰囲気でちょうどいい。

### 失敗④　参加者の曖昧な発言を要約して言い換えること

〝つまり〟とか〝要するに〟とかを連発していると「俺の発言は分かりづらいってのか？」となるし、へたな要約をすれば「そんな意味で言ったんじゃない」となる。よっぽどスキルがないと難しいことなので、これをやるのはもっとずっと慣れてからにした方がいい。

こうならないように、小さな確認からコツコツとやっていってほしい。

第3章
# 書くファシリテーションを始める

## かみ合わない会議

葵が父にファシリテーションを教わり始めてから早くも二カ月がたとうとしていた。葵が出席する会議は連絡会以外にも徐々に増えていたが、持ち前の堅実さで「確認するファシリテーション」を着実に実践していた。

行動を起こすまでは心臓が爆発するかと思うほど緊張したが、一度行動してしまえば案外平気なものだ。父からも、「課内の会議だけでいいから、きちんとやり続けることが大事だ」と言われていた。「広く薄く始めるより、小さく始めて効果を実感してもらう、そして小さい範囲でいいから定着させることが会議を変えるコツ」なんだそうだ。確かにその通りだと葵は思ったし、実際に葵の所属する顧客サポート課では〝確認しないとなんだか気持ち悪い〟という状態ができつつあった。

一方で、会議以外の仕事も忙しくなってきていた。顧客サポート課は常に人が足りず、仕事があふれている。今日も葵は本社ビル二〇階のオフィスで、ノートパソコンとにらみ合っていた。コールセンターで働くオペレーターの、来期の採用計画資料を作成しているのだ。

「もうパワーポイントってなんでこんなに使いづらいのかしら…」

ここのところ、コールセンターのオペレーターの離職が相次いでいる。この一年だけでも、何回も送別会を開いている気がする。

人員補充のため、部長に説明して追加予算をもらう必要があった。そのための資料作りを、水口課長から頼まれた。

会議は会議で大変だが、資料作りも楽ではなかった。水口からの依頼は粗く、ほとんど丸投げ状態だったからだ。父に言われて考えた〝生涯会議時間〟は、実に生涯仕事時間の四〇％を占めていたが、資料作りもそれと同じくらい時間を食っている気がしてくる。一生で資料作成に費やす時間はどれほどになるのか…。ふとそんなことが葵の頭をよぎるが、じっくり考えている余裕はない。とにかく早く資料を仕上げなければ…。

とその時、遠くから水口の声がした。

「おーい、鈴川――」

保守部のフロアは、事務机が八つずつ向い合って並んでいる、典型的な島型のレイアウトだ。その端に課長である水口の席がある。が、水口はそこにはいなかった。フロアを見渡してみると執務エリアの突き当たりにある会議室から水口の生首が飛び出ていた。会議室のドアから顔だけを出しているのでそう見えるのだ。生首はもう一度葵を呼んだ。「鈴川、こっちだ！　ちょっと来てくれ」

はぁ、これでまた資料作りが遅れるなぁ…。小さくため息をついて、葵が会議室に向かうと、そこには課長の水口、技術側のリーダーである幸田、コールセンター側のリーダーで、西田の上司に当たる田内哲郎がいた。「忙しいところ悪いな」

「ええ…。課長に頼まれた資料作りをしていたところなんですけど」。こういう時に少し不機嫌な表情になってしまうのが葵の幼いところでもある。

「ああ、あれか？　いつできそうなんだ？」

「なんとか今日中には仕上げますが」。疲れた雰囲気を出しながら葵が答えた。

「俺が見る時間も考慮しているんだろうな？　チェックするぞ」

「もちろんそうですが…。何時までに提出すればいいんですか？」

なぜか資料の話で盛り上がりそうになっている二人を見て、あきれて幸田が割り込んできた。

「ちょ、ちょいちょい、そんな話で鈴川を呼んだんとちゃいますやろ？」

「おお、そうだった、ええっとな。鈴川はオペレーターの女性陣と仲がいいだろ？　ちょっと意見を聞かせてほしいんだ」。水口が本題に入る。

「鈴川も知っていると思うけど、このところ、オペレーターの離職率が上がってきているんだよ」

（知ってますよ。だからあなたに資料を作らされているんじゃないですか）という嫌味をぐっとこらえて、葵は神妙にうなずいた。

「で、部長から俺に、対策を検討するように指示が出た。ところが、そもそも離職の原因が分からないので、対策が立てられない。何はともあれ原因確認からやろうというわけなんだ」

ようやく話が見えてきた。（そういう話ね。今作ってる資料とも絡む話じゃないの。水口課長ってばもう、早く本題を言えばいいのに…）

「で、背景的な話は、田内に説明してもらうから」

水口にいきなり振られた田内は、「分かりました」と少し肩をすくめて、葵に席を勧め、ゆっくりと話し始めた。

「僕、今日この話をするの三回目なんだけどね。幸田くんもさっき来たところでさ」

田内は幸田と年が近いのだが、性格は真逆だった。田内は、穏やかな性格で、静かな立ち居振る舞い、会議でも口数は少なめだ。背が高いのに、引っ込み思案な性格のせいなのか、自信のなさの表れなのか、実際の身長より随分小さくみえた。オペレーターの取りまとめなど、現場に近いところを西田が担当するのに対し、田内はコールセンターの運用ルール作りなど、企画的な仕事をしている。

「分かりました。あの…、この会議はどうなったら終了なんでしょうか？」。葵がいつもの調子で確認すると、田内が少し慌てて言った。

「ああ、ちゃんと確認してなかったよ。ごめんね、ごめんね」

「離職原因をざっと洗い出して、重要度の高いものが絞り込めたら会議終了やな。時間配分はブレーンストーミングを三〇分、絞り込みに一〇分でええんちゃうか？」

幸田がやれやれという感じで頭をかいた。「課長いいですか？」

「いいだろう。で、鈴川にもブレストに入ってもらった方がいいだろうって話になったんだ」

「お役に立てるか分かりませんけど」。殊勝な態度で返事をしておく。

水口は、うんとうなずくと話を会議に戻した。「ええっと、さっきの続きだ。どこまで話したんだっけ？　…そうそう、離職の原因を洗い出していて、〝仕事がつまらない〟って話が出たんだったよな？」

「ええ、毎日お客さんのクレームを聞くわけですから…キツイと思います。実際オペレーターからも…精神衛生上よくないという話も聞きますし…」。田内の声は語尾に行くほどどんどん小さくなって、最後はほとんど聞こえない。彼の話し方の特徴だった。

葵が（声ちっっさ！）と心のなかでツッコミを入れるのと同時に幸田がツッコミを入れた。

「声ちっさいねん！　田内もっと腹から声出せや！」

「え？　うん。ごめんごめん…」

「全く。せやかてな、田内。クレームを聞くのは他社と同じやろ？　そもそもコールセンターなんてクレーム受けるのが仕事みたいなもんなんちゃうんか？」

「いや、あの、幸田くん、他社と違うんだよ。例えば一般消費者向けのコールセンターなら個人相手だから、受ける電話の数は多いんだけど、一つひとつのプレッシャーは小さいんだよ。単なる問い合わせも多いしね…。でもウチみたいに企業相手のコールセンターで、しかもITシステムの問い合わせや苦情を受ける場合はプレッシャーが桁違いなんだよ。一つでも対応にミスがあると、会社間の問題に発展する可能性があるわけで…、とにかく気を遣うんだよね」

「そんなん個人でも法人でも同じやろ？　個人だってややこしいお客さん多いで」

二人の話を聞いていた水口が口をはさんだ。「確かにその要素はあるな。田内の言う通り、ウチのコールセンターは少し特殊かもしれない」

「いやいや、本質的には変わらんのと違います？」。幸田も食い下がる。

「違いはたくさんあるだろう？　勤務時間も福利厚生も異なるし、大手コールセンターと比べると場所もアレだしな。そういえば場所の話は出てないのか？」

葵はうなずいて同意した。「確かに場所の問題はよく話題に出ますね。私もオペレーターさんが、『駅から遠い』って文句言っているの聞いたことあります」

田内も背中を丸めながら、なぜか申し訳なさそうにして補足した。「そうなんだよ。駅からの距離がありすぎて雨の日なんかに大変だって…」

「そもそもさぁ」と水口は腕を組んでうなった。「なんで今の場所になったんだっけ？　俺の前任課長の時代に拠点を移したんだよな？」

「当時はコールセンター規模がどんどん拡大していて、増席に対応するために引っ越しをしたんです」。さすがに田内はコールセンターの事情に詳しい。もう一〇年も顧客サポート課にいるので大体どんな事情も分かっているのだ。

「いや、それもあったのかもしれんけど、施設の老朽化も大きな理由だったはずやで」

「そうなんですねぇ。初めて知りました」。葵が知らないのも無理はない。コールセンター拠点を引っ越したのはかれこれ五年も前の話だった。

「老朽化で思い出したが、今の拠点でも設備が古いって話が出ていたな」と水口。

「老朽というほど古いわけじゃないけど、女子用トイレが少ないとか、使いにくいそうです。元々普通のオフィスビルで、女性比率は少ない想定で作られていたようです」と田内。

「私は、最寄り駅も不便だっていう話を聞いたことがあります。新宿からの乗り換えが面倒だとか。でも私が聞いた感じでは…」。葵はちょっと言いづらそうに間を置いてから言葉を選びながら続けた。「…人間関係が一番の問題じゃないかと思います」

「確かに…。派閥があるとか聞いたことあるな」。水口は渋い顔をした。

「田内も聞いたことあるか?」

「ありますね。周りの目が気になって有給休暇が取れないとか…」

「そういうのは女性特有だよな、俺たちには分からん世界だなあ」

「そうなんですよ、課長。女性たちに囲まれて仕事するのは本当に気を遣って――」

そのとき、幸田が疲れた声をあげた。

「もうええんちゃう？　まとまりのない議論やな。で、結局何が原因なんや？　鈴川、決まったこと確認してくれるか？」

葵は慌てた。各自が思い付きで色々なことを言っている。バラバラと色々な話が浮かんでは消え、結局何が決まったのかよく分からない状態になっていた。

「え？　いや…、離職の原因でしたよね？　…設備が古いって話は、どうなったんでしたっけ？」

「トイレが足りない話は設備が古いって話だっけ？」。田内も首を傾げる。

そんな空気を察してか、水口が弾かれたように立ち上がった。「おっ！　もう次の会議に行かないと。後はまとめておいてくれ」。水口の姿はあっという間に会議室から消えた。後には混沌とした空気と、不満気な表情の三人が残った。

「おいおい、これで何をまとめろって言うんや。ほんまに毎回毎回投げっぱなしやな」

幸田がいら立たしげに言ったが、田内は苦笑いをするだけだ。

「まぁ、大体いつもこんなもんでしょ？　打ち合わせなんて」

「ふん。決まったこともよく分からんし、鈴川得意の〝決まったこと確認〟〝終了条件確認〟も効果なしやな。何が決まったのか教えてほしかったんやけどなぁ」。幸田は相変わらず葵に突っかかってくる。別に葵は悪くないはずだが、なぜか罪悪感があった。もっと、スッキリ終われたらよかったのに…。

「仕切り直しや」。そう言い残して幸田は会議室を出て行った。

「はぁ、何がいけないんだろう、なんだか難しいなぁ」

葵はほとんど独り言に近い声でつぶやいた。

「そう？　まぁ毎回こうだから大丈夫だよ。基本的に会議なんて終わるまで我慢しておけばいいんだから」と言って田内も会議室を後にした。

（全然よくないでしょ…。幸田さんにもイヤミ言われるし、私が悪いんじゃないのに…。そういえば、何で西田さん呼んでないの？　コールセンターのことなら西田さんに聞かなきゃでしょ？　絶対！　あー、早く資料作りしなきゃ）

なんだったのかよく分からない会議に時間を取られてしまった。資料作りに使える時間はあまり残っていない。事務室から見える窓の外のスカイツリーは、夜の暗闇に飲み込まれ、すっかり見えなくなっていた。

## 書くファシリテーションを知る

その週末、葵は昼頃に目が覚めた。前日は水口に頼まれた資料作りで、結局深夜まで作業をしていて終電帰りだったのだ。ベッドの上でウーンと伸びをするとカーテンを開けた。太陽がまぶしいが頭はまだボンヤリしている。

キッチンに行くと父と母が並んで昼ごはんを作っていた。この夫婦は相当に仲がいいと思うが、昼ごはんまで一緒に作らなくても。

「おはよう。随分遅かったわね」。母がじゃがいもの皮をむきながら声を掛ける。

「なんだ？　ひどい顔しているな」。父も遠慮のないコメントを投げてきた。

「もうちょっと、娘が傷つかない言い方できないの？　もう。昨日は大変だったのよ。変な会議に巻き込まれて、そのせいで資料作りの時間がなくなって…あー、疲れたぁ」

葵は二人が料理するのを眺めながら、キッチンの前に座った。

「あら、資料なんて作っているの？　私も昔よくお父さんに作ってもらったわね」

葵にコーヒーを渡しながら、母が懐かしそうに言った。母が仕事をしていた頃、社内の資料作りを父に依頼していたのだ。父は文字通り資料作成のプロだから、母は自社内で資料作りの達人だと思われていたらしい。子供の頃に何度か聞いた話だ。今聞くと、「コンプライアンス的に大丈夫なの？」とツッコミも入れたくなるが。

「あれは本当に助かったわ。毎回上司にすごく褒められてねぇ。葵もお願いしたら？」

「何言ってるんだ。しっかり自分で作るのが大事だぞ」。葵が口を開くより先に父が答えた。

「そんなことより、〝変な会議〟ってのは何なんだ？」

「資料作りなんて頼むつもりもないですよーだ。変な会議はね…」

葵は、例の〝離職原因洗い出し会議〟の話を父に話した。なんだかスッキリしない会議だったこと、例の〝確認するファシリテーション〟があまり機能しなかったこと、最後に田内が言った「まぁこんなもんでしょう？」という言葉が頭に残っていること。

父は料理を作りながら聞いていたが、葵が話し終わると手を止めた。

「なるほどね。そろそろ〝確認するファシリテーション〟だけでは限界かな。どんな議論があったのか詳しく知りたいんだが、覚えているかな？」

「うーん、何だかゴチャゴチャした議論だったからあんまり覚えてないんだけどなぁ」

しばらく考えてから葵はひらめいた。「実は幸田さんに指示されて、会議の後に作った議事録があるの。それ見たらお父さんも会議の流れが分かるかも」

父はニヤリと笑った。「本当は見ちゃいけないんだが…、緊急事態だからな。見せてくれ」

議事録は短かったが発言が忠実に再現されているように見えた。会議の後に記憶を頼りに作ったとしたらなかなか大した再現力だ。そんなことを考えながら議事録にさっと目を通すと、父は葵に向き直った。

「なるほどね。こりゃダメだ。で、葵はこの会議を何とかしたいと思っているのかい？」

「うーん、確かに何だか分らないことに時間を取られて嫌だったわ。そのせいで夜中まで仕事する羽目になったし。でも、正直仕方ないかなーって思うわ。だってどうにもならないもん」

葵の保守的なところはいつも通りだ。

「ほう？　いいのか？　これから三万時間もそんな感じのモヤモヤした会議に時間を取られるんだぞ？　なぜダメだと分かっていて行動を起こさない？」

父は相変わらず正論をぶつけてくる。

「でも、〝確認する〟だけじゃなんともできないでしょ？　それにウチの会議はもう十分良くなったわよ」

「何言ってんだ。確認するだけなんて、ファシリテーションの〝ファ〟の字に過ぎないんだぞ。〝確認する〟ファシリテーションは確かに実行しやすいが、その分効果は小さい。次のステップは〝書く〟ファシリテーションだ。少し難しくなるが、書くだけでさっきの会議は劇的に改善できるぞ」

「え？　書く？　何を？　どうやって？　いつ？」

葵の頭はクエスチョンマークでいっぱいになった。

「議論をそのまま書くんだよ。ホワイトボードとかあるだろう？　参加者の発言をそのまま書くんだ。どうせホワイトボードなんてほとんど使ってないんだろうけどな」

確かに会社のほどんどの会議室にはホワイトボードがあるが、あまり使われていなかった。誰かが〝消すな！〟と言ったよく分からない図が書きっぱなしになっていることはある…。以前、何の気なしに図を消してこっぴどく怒られたことを思い出した。あれ以来ホワイトボードにはますます縁遠くなったな…。

「確かに使ってないけど、それってみんなの前に出て書くってことでしょ？　そんなの無理よ。私には絶対無理！」

「無理じゃない。書くだけだぞ？」

「そもそもホワイトボードの使い方なんて習ってないし！」。葵はこうなるとガンコだ。

「習わなくても、ホワイトボードをうまく使うお手本がいればいいんだ。そこから学べるからね」

「でもそんな人、一人もいないわよ。少なくとも私の周りにはね」。葵はふくれて腕を組んだ。

「確かにその通りだ。不思議なんだが、父さんはこういうことだと解釈している。日本では昔から、『会議は偉い人がやるもの』という考え方が根強い。偉い人が仕切っていると、会議がグダグダでも若手はもの申しづらいだろ？　となると我慢するしかない。我慢しているうちにグダグダ会議が当たり前になってくるんだ。グダグダ会議しか経験しないまま、若手もだんだん偉くなり、こんどは自分が会議を仕切るようになる。まぁ当然グダグダ会議になる。という感じで、負のスパイラルが回っているんだよ」

父の口撃は続く。

「偉い人は自分の会議がグダグダだなんて思いもよらない。なぜなら、生まれてから一度もイケてる会議を見たことがないんだから！　いい手本を誰かが見せることで、この連鎖を断ち切らないとダメなんだっ!!」

「お父さんヒートアップしすぎよ」と母がなだめるのを聞きながら葵は口を開いた。

「なんとなく分かる気がしてきたけど、結局手本を見せる人がいないっていうのが問題なわけでしょ？　じゃあ、誰がお手本を見せてくれるわけ？」

「もちろん父さんが教えるよ」。父はこともなげに答えた。

「は？　誰に？　ウチの会社に教えに来てくれるの？」

「何言ってんだ、葵に教えるんだよ。葵から会議の在り方を変えていけばいい。若手でもできるように教えるから。まあ話だけでも聞け」

「うーん…、私はきっとできないと思うけど、聞くだけ聞いてみてもいいけど…」

父娘のバトルも終息を迎え、結局娘が押し切られる形で父の講義が始まった。

## 父の講義〜スクライブを始める

「よし、いいか？　今回の課題出し会議は、こんな状況だと思う」と言いながら、いつものノートを取り出してサラサラと文字を書き足していく。

「一言で言うと、議論がかみ合っていない状態だ。同じことを何度も説明している、とか、話題がどんどん移っていくとか。でも決してゴールから外れているわけではないんだよな」

「まぁそうだと思うわ」

「これを解消するには、会議の内容をそのまま書けばいい。父さんたちファシリテーターは〝スクライブ〟と言ったりしている。殴り書くって意味だ」

「だから、書くって、何を書けばいいの？」

「**発言をそのまま書く**んだ。文字でいい。**書く時には、〝意見〟、〝論点〟、〝決定事項〟を意識して書き分けると**、スクライブしやすくなる」。

父はノートに書き足しながら説明した。

「〝意見〟はそのまま発言を書くことになる。〝論点〟は、質問や議題などを『問』として明記するといい。何を議論しているのか明確にできる。〝決定事項〟は、決まったこと、やるべきことを書く。終了条件や時間配分なども決定事項になる。確認するファシリテーションでやっていることそのままだが、リアルタイムでやる感じだ。結論の『結』とか、決定の『決』と書いておくと分かりやすくなる。これによって、議論が見えるようになるわけなんだが…」

と話しながら、父は葵の顔をのぞき込んだ。

「イメージできないわ、っていう顔をしてるな」

「うん…そうね。速記じゃないんだし、出た話を全部書くなんて無理よ。全然イメージが湧かないわ」。葵は首をかしげた。

「そうだろうな。くどくど説明するより、実際書いてみる方が実感できるだろう」

父はノートを一枚めくった。

「よし、じゃあこのノートが会議室のホワイトボードだとしよう。何をどう書けばいいのか実際に見せてみせよう」と腕まくりをしてみせた。

どうやら葵が持ってきた議事録を振り返りながら、ノートにスクライブをしていくやり方で、擬似的に書くファシリテーションをやってみせるということらしい。

## 〈ファシリテーションのテクニック〉

### 4. 書く(スクライブする)

会議中に書く3つのこと

●意見：発言をそのまま書く

●論点：質問や議題を「問」として明記する

●決定事項：決まったことを「結」として明記する
(終了条件、時間配分、結論、やるべきこと)
→議論が "見える" ようになる
→見えるだけで劇的に議論が楽になる

## 〈課題出し会議の状況〉

### 議論がかみ合っていない

- 同じことを何度も説明している
- 話題がどんどん移っていく
  （ゴールから外れているわけではない）
- 会話が言いっぱなしになっている
- 意見と質問と話題が錯綜している
- さっき同じような話をした気がする
- 過去の議論を覚えきれない

**お手本スクライブ**

「えーっと。まず、会議の冒頭だけど、田内さんが経緯について話してくれているね？　これはちゃんと書いておこう。それから会議の終了条件と、時間配分を確認しているな。これは〝決まったこと〟になるので、漏らさず書く」。父はノートにどんどん書き込んでいく。

「『三回も説明してるんだけど』なんて田内さんが言っていたが、こうして書いておけば遅れて来た人も一発で分かるし、初めから参加している人も忘れなくていいだろう？」

「確かに、そうね」

「会議の冒頭では最低限これだけは書いておこう」

## 会議の背景

- OPの離職率を下げたい
- 部長から指示
- 離職原因を確認したい

## 終了条件

- 離職原因を洗い出し、
  重要度の高いものに絞り込んだ状態

## 時間配分

- 離職原因洗い出し　30分
- 絞り込み　10分

「議事録を見ると、この後会議の本題に入ってブレーンストーミングが始まっているね。父さんなら、**一番最初に議題を書いてしまう**ね。この場合『離職原因を洗い出す』が議題だ。そうしてから皆さんの発言を書いていく。『仕事がつまらない』という話題が挙がったそうだね。それを受けて『クレームがキツイ』と田内さんが言っている。これをそのまま書けばいい」。父は葵の議事録を見ながら発言を整理して書き出していく。

「次に、幸田さんが『キツさは他社と同じでは？』と聞いている。これは意見ではなく、質問だ。新たな論点と言い換えてもいい。だから(問)**と書いて、論点であることを示すんだ**」。父は(問)をノートに書き入れながら説明する。

「**こうした質問・論点が出ると、『離職原因を洗い出す』という話から『キツさが他社と同じかどうか』という話に移る**んだ。ほら、その次に続く意見は『対企業はプレッシャーが大』『そうかもしれない』『本質は同じでは？』という感じだ」と言いながら、さらにノートにスクライブしていく。

「これは『キツさは他社と同じか？』という問いに対しての意見だ。だからこんな風に段落を分けて書いていくとスッキリする。どうだい？」

# 離職原因を洗い出す

## 1. 仕事がつまらない

●クレームがキツイ

(問)キツさは他社と同じ?

○対企業はプレッシャーが大
○そうかも
○本質は同じでは?

## 会議の背景

- OPの離職率を下げたい
- 部長から指示
- 離職原因を確認したい

## 終了条件

- 離職原因を洗い出し、
重要度の高いものに絞り込んだ状態

## 時間配分

- 離職原因洗い出し　30分
- 絞り込み　10分

葵の議事録
（抜粋）

議題：オペレーターの離職原因について

- 先ほど、仕事がつまらないという話が出た（水口）
- 毎日お客さんのクレームを聞くので、キツイと思う。
実際オペレーターからも精神衛生上良くないという話も（田内）
- 他社でも同じでは？そもそもコールセンターなんて
クレーム受けるのが仕事では？（幸田）
- 他社と違う、例えば一般消費者向けのコールセンターなら個人相手。
一つひとつのプレッシャーは小さい（田内）
- 企業相手のコールセンターだと会社間の話に発展する可能性がある（田内）
- 確かにウチのコールセンターは少し特殊かもしれない（水口）
- 本質的には変わらないと思う（幸田）

「なるほどね」。葵は感心していた。スクライブは確かに分かりやすかった。きっと、何に対しての意見なのかが見えるから分かりやすいのだろう。この時なんだか議論がグチャグチャしている気がしたのだが、こう書くと、意見同士の関係が整理できる。

父は満足そうにうなずくと続けた。

**「議論は〝問（論点）〟に対する〝回答（意見）〟が積み重なって成立している。そして、複数の問（論点）を同時に議論することはできない。つまり〝たった今、何の問（論点）について話しているか？〟を明確にすることが、議論をかみ合わせるうえで極めて重要になるんだ。**

さて、この問について結論は出ていないね。この後水口課長が『勤務時間』も『福利厚生』も『場所』も他社と異なるだろう、と立て続けに発言している。話が『離職原因を洗い出す』に戻っているね。だから、こんな風に書いておけばいい」

父はノートに㊌と書き入れたが、その後は「?」マークを書いただけにとどめた。

「ちなみに、〝意見〟は、参加者の発言をそのまま書けばいいんだが、一言一句正確に書く必要はない。発言の意図が分かればいい。このくらいの文字数で、流れは十分分かるだろう?」

「うん。確かにそうね」

「それから離職原因に該当しそうなものには番号を振っておくと後から議論する時に楽になる。案をいくつか出す時には、番号を振っておくと間違いない」と父が説明を加えた。

# 第3章
# 書くファシリテーションを始める

## 離職原因を洗い出す

### 1. 仕事がつまらない

- クレームがキツイ

(問) キツさは他社と同じ?

- ○対企業はプレッシャーが大
- ○そうかも
- ○本質は同じでは?

(結) ?

### 2. 勤務時間
### 3. 福利厚生
### 4. 場所

## 会議の背景

- OPの離職率を下げたい
- 部長から指示
- 離職原因を確認したい

## 終了条件

- 離職原因を洗い出し、
  重要度の高いものに絞り込んだ状態

## 時間配分

- 離職原因洗い出し　30分
- 絞り込み　10分

葵の議事録
（抜粋）

議題：オペレーターの離職原因について

⋮

- 本質的には変わらないと思う（幸田）
- 違いは沢山ある。勤務時間も福利厚生も異なる。
  大手と比べると場所も良くない、場所の話は出てないのか？（水口）
- 駅からの距離がありすぎて雨の日なんかに大変だと、
  オペレーターさんブーブー言っている（田内）
- そもそも、なぜ今の場所になったのか？
  前任課長の時代に拠点を移したはずだが（水口）
- コールセンター規模がどんどん拡大していて、
  増席に対応するために引っ越しをした（田内）
- 施設の老朽化も大きな理由だったはず（幸田）

「議事録ではこの次に、場所についての意見が出ているね。『駅から距離がある』とか。これも書いておこう」。葵は黙って父のノートを見ていた。

「さらに、水口課長が新たな問を出しているな。『なぜ今の場所になったのか？』、この問に答える形で『増席に伴って』とか『施設老朽化対策のため』という意見が出ている。だからこんな風に書いておけば分かりやすい」

父のノートは半分くらいが埋まってきた。確かにこれだけを見ても議論の流れがよく分かる。葵はホワイトボードをこんな風に使っているのを見たことがなかった。葵の会社ではたまに使うときでも、メモを書き殴ったり、システムやネットワークの構成図を書いて示したりする程度だ。

当日の議論では各自の発言が浮かんでは消え、言いっぱなしになっていたが、このノートに発言がしっかりと受け止められている。文字を書いているだけなのだが、議論の流れがハッキリ見える。まるで父のノートの上で議論が展開されているような不思議な感覚があった。

# 第3章
# 書くファシリテーションを始める

## 離職原因を洗い出す

1. 仕事がつまらない

- クレームがキツイ

(問) キツさは他社と同じ?

- ○対企業はプレッシャーが大
- ○そうかも
- ○本質は同じでは?

(結)?

2. 勤務時間

3. 福利厚生

4. 場所

- 駅からキョリがある
- OPブーブー

(問) なぜ今の場所?

- ○増席のため
- ○施設老朽化対策

## 会議の背景

- OPの離職率を下げたい
- 部長から指示
- 離職原因を確認したい

## 終了条件

- 離職原因を洗い出し、
  重要度の高いものに絞り込んだ状態

## 時間配分

- 離職原因洗い出し　30分
- 絞り込み　10分

葵の議事録
（抜粋）

- そもそも、なぜ今の場所になったのか？
  前任課長の時代に拠点を移したはずだが（水口）
- コールセンター規模がどんどん拡大していて、
  増席に対応するために引っ越しをした（田内）
- 施設の老朽化も大きな理由だったはず（幸田）
- 老朽化対策で思い出したが、
  今の拠点でも設備が古いという話が出ていた（水口）
- 女子用トイレが少なく、話題に上がっている。
  普通のオフィスビルだから女性比率は少ない想定で作られている（田内）
- 最寄り駅も、アクセスが悪くて不便と聞いている。
  新宿から乗り換えが面倒（鈴川）
- 昼メシ事情もひどい（幸田）
- オペレーターは弁当であるので・・・（田内）
- 離職には影響ないかもしれない、
  人間関係が一番の問題では？（鈴川）

「ホワイトボードっていうと、図や絵を書くイメージがあるけど、ちょっと違うのね」

「父さんたちも絵や図は描くよ。でもね、すごく難しいんだ。世の中にはスクライブや板書の本が幾つか出ていて良い本もある。『ファシリテーション・グラフィック――議論を「見える化」する技法』とか読んでみるといいんだけど、高度なんだ。実はプロのファシリテーターでも短時間で的確に図解して示すのは難しい」

「ふーん。なるほどね。絵じゃないのはちょっと安心したけど、それでも、私、こんな風に書けるか自信ないなあ…」。葵は不安そうに言ったが父は聞いていない。議事録に視線を戻していた父はおかしそうに言った。

「次に設備の話が出てきている。また水口課長が話を変えているなぁ、あっちこっち気になってしまうのかな？　発散型の課長なんだろうね。こういう人がいると会議がとっ散らかるんだが、ファシリテーターとしては腕の見せ所だね」

そう言われると確かにそうかもしれない。水口がいる会議は色々な話が出て、まとまりがない気がする。水口課長のせいだったのか…。葵が複雑な表情を浮かべた。

父は、最後に挙がった人間関係の話をスクライブしてペンを置いた。

## 離職原因を洗い出す

### 1. 仕事がつまらない

- クレームがキツイ

(問) キツさは他社と同じ?

- ○対企業はプレッシャーが大
- ○そうかも
- ○本質は同じでは?

(结) ?

### 2. 勤務時間

### 3. 福利厚生

### 4. 場所

- 駅からキョリがある
- OPブーブー

(問) なぜ今の場所?

- ○増席のため
- ○施設老朽化対策

### 5. 設備古い

- 女子トイレ足りない

### 6. モヨリ駅不便

- 新宿から乗り換えが不便

### 7. 人間関係

- 派閥あり
- 目が気になり休めない

## 会議の背景

- OPの離職率を下げたい
- 部長から指示
- 離職原因を確認したい

## 終了条件

- 離職原因を洗い出し、
  重要度の高いものに絞り込んだ状態

## 時間配分

- 離職原因洗い出し　30分
- 絞り込み　10分

「ざっと、こんな感じだ。どうかな？　そもそも**会議の参加者は他の人の話を聞いていないものだ。次に自分が何を言うか考えていたり、やり残した仕事のことを思い出していたり**。こうやって**書き出しておけば、多少話を聞き漏らしても議論にしっかりついていける**だろう？」

「なるほどね。聞き逃しても大丈夫だし、振り返りも楽ね。水口課長が次々新しい話に飛ぶから混乱したけど、今見るとそれなりに原因が出ているじゃない…」

「うんうん。そうだな」

「七つの原因が挙がったけど、1の〝仕事がつまらない〟は原因と考えていいか決まっていないわけね？　結論が出る前に次に行っているから…」。葵はノートを指さしながら独り言のようにつぶやく。「そうか、もう一度結論を出すために話を戻せばよかったのね！」

「やるじゃないか。そういうことだ。スクライブを見るだけで頭が良くなった感じがするだろう？」

言われてみるとそうかもしれない。当日は全然分からなかったことが、スクライブを眺めていると見えてくる。やだ、私ったら、本当に頭良くなったのかしら？

葵の心の声が聞こえているかのように父が続ける。

「もちろん、葵が急に賢くなったわけじゃない。『**挙がった議論を記憶し、思い返して全体を俯瞰する**』**ことに脳のパワーを割かなくて済む**のが大きい。何も書かずに議論するのは、目隠しして将棋するのと同じだ。過去の発言を全部記憶して次の一手を考えるんだからな。よく考えると異常な状況だ。これをスクライブが代わりにやってくれるから、その分を本当に考えなきゃいけないことに振り向けられる。スクライブ、いいだろう?」。父が少し得意気になっている。

こういう時に年甲斐もなくドヤ顔をしなければ、もっと素直に聞けるのに、という葵の心の声が聞こえるべくもない。父はとうとうと続ける。

「会議ではどんどん論点が変わっていくし、全ての発言を覚えきれない。人間が一度に覚えられるのは七つのキーワードまでと言われているんだ。書き出さないと忘れてしまう。そして絵はなくていい」

言われてみると、確かに父のノートには絵は一つもない。文字が書かれているだけだが、それでもとても分かりやすかった。これなら議事録の代わりにもなる。スクライブ、いいかも…。

それでも、葵は新しいことをやるのに抵抗があった。しかも今回のスクライブは前回の確認と違って前に立つ必要もあるし、やたらと目立つ。

「そうね。よく分かったわ。でも、今日は議事録があったから書きやすかったんじゃないかなあ。実際の会議の場で、発言を理解しながら書くなんてすごく難しいと思う。絶対、無理よ」

「出たな、『絶対、無理』。全く問題ないよ。書けないところは確認すればいい。『ごめんなさい、書ききれなくて、もう一回言ってもらえませんか?』とか、『すみません、今の意見はどう書けばいいですか？』と聞けばいいんだ。**発言している本人も整理がついていないまましゃべったりしているから、葵が聞くことでまとまった発言をしてくれるようになる。**みんなの理解も進むし、いいことだらけだぞ。確認することにかけてはもうプロじゃないか」

それはそうなのだ。冷静に考えるとやらない手はないが…。正直できる気がしない。しかしこのドヤ顔状態の父に何を言っても押し切られるのは目に見えている。葵は半ば諦めながら「やってみるけど…」とだけつぶやいた。

## 父の日記3

ついにスクライブの解説をした。やっとまともなファシリテーションの世界に入ったな。これからが楽しいところだ。うまくやると効果が見えやすいから一気に定着する可能性がある。

一方で、目立つし、スクライブ自体が難しいから、定着させるのは難しい面もある。葵はうまくやれるだろうか。始めるきっかけ作りも実は難しい。あの子は度胸がないからなぁ…。

さて、伝えきれていないスクライブのコツを書き留めておこう。

**①字はゴシック調で書く**

筆で書いたような字体は、スクライブに向かない。読みづらいからだ。いわゆる明朝体よりもゴシックっぽい字の方が読みやすい。角ばった文字で書くのがいいだろう。

**②はっきり、丁寧に書く**

うまい字である必要はないが、汚い字はダメだ。ミミズがはったような文字では読めないから意味がない。自分のメモじゃないんだから、見る人のことを考えて丁寧に書くように気をつけてほしい。ミミズ文字

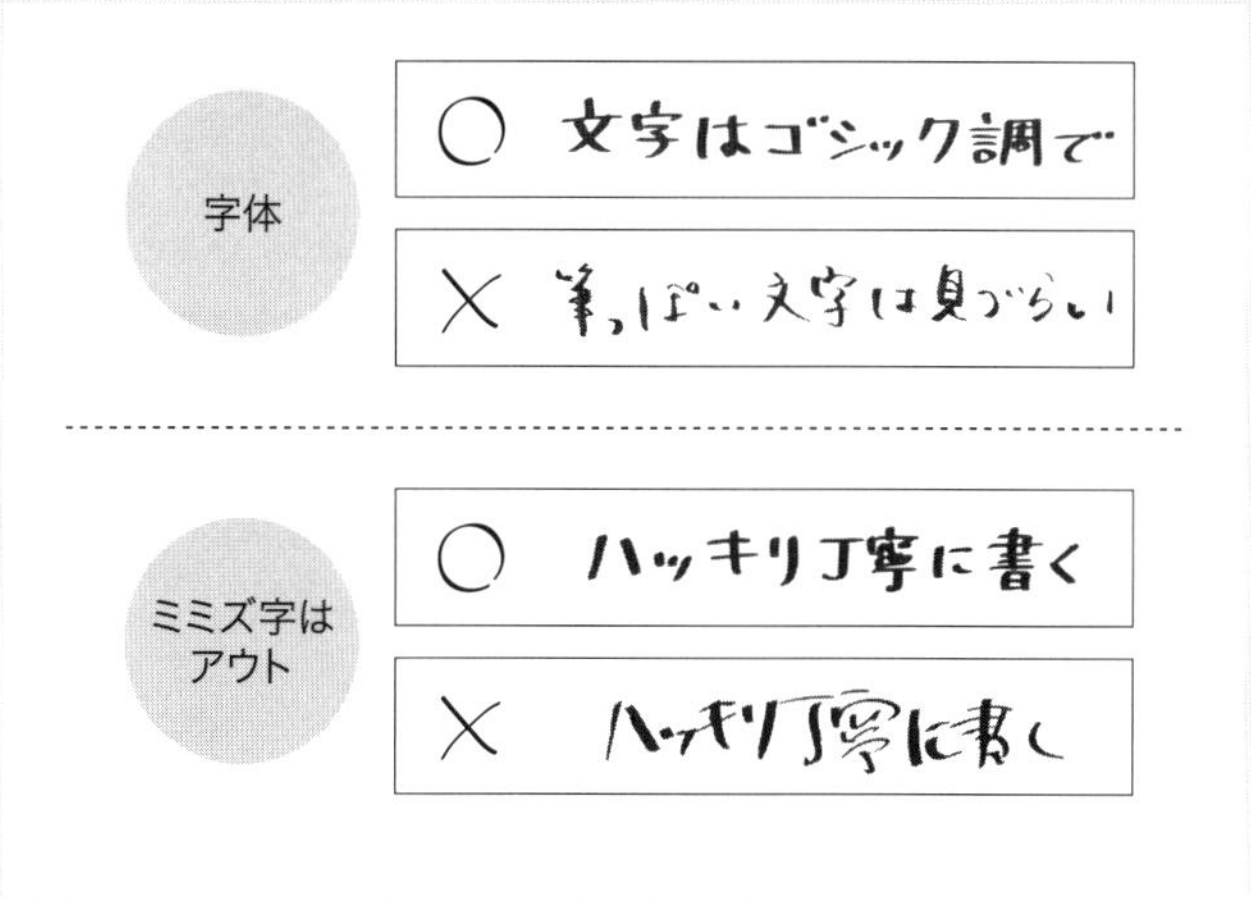
字体
○ 文字はゴシック調で
× 筆っぽい文字は見づらい
ミミズ字はアウト
○ ハッキリ丁寧に書く
× ハッキリ丁寧に書く

でたくさん書くくらいなら、キーワードだけを丁寧に書いた方がずっといい。

### ③ 行間は空ける。文字間隔は詰まってもOK

行間が詰まっているとごちゃごちゃして読みづらい。一方、文字と文字の間隔は詰まっていても意外と読みやすい。

### ④ 角形のペンを使う

そうそう。ペン先は「丸」より、「角ばった」ものの方が書きやすい。太い方を縦に使い、細い方を横に使うと文字がきれいに見える。ちょっとしたコツだが、これで随分書きやすくなる。

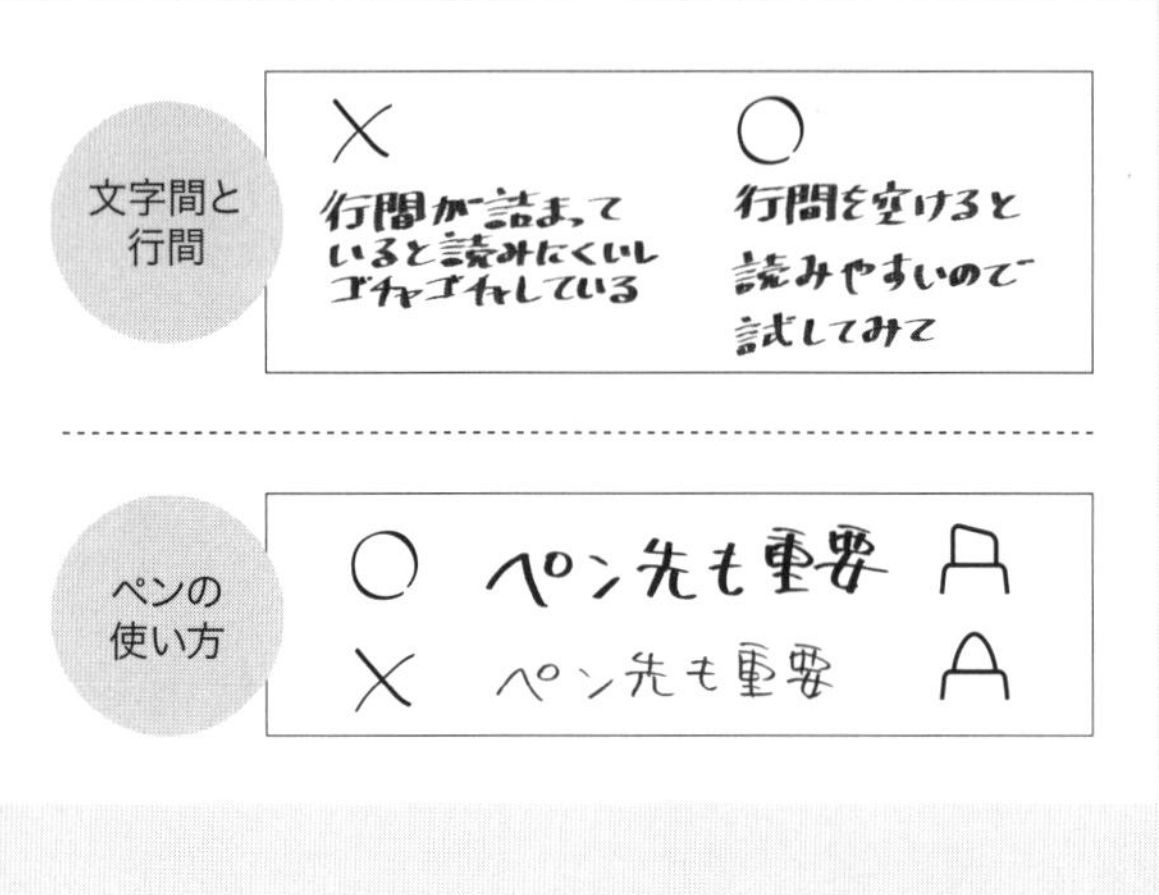

文字間と行間
×
行間が詰まっているとよみにくいし
ゴチャゴチャしている
○
行間を空けると
読みやすいので
試してみて
ペンの使い方
○ ペン先も重要
× ペン先も重要

## A3用紙でスクライブを始める

父のスクライブ講義から一夜が明けた。今日は午後から片澤と二人での打ち合わせの予定が入っている。スクライブにチャレンジする絶好の機会だ。

（でもなぁ、私が突然ホワイトボードに書き始めたら、片澤さんは『何かすごいこと書いてくれるの？』って期待して見るんだろうなぁ。うまく書けなかった時に恥ずかしいし、失敗したら自信失うだろうし…。もう…。ただ書くだけなのに、片澤さんしかいないのに…、どうしよう…）

新しいことを始めると、否応なく目立ってしまう。〝恥ずかしさ〟や〝失敗したくない〟の心理的な壁は大きいものだ。とはいえ、このままではいつまでたってもスクライブは始められない。

（お父さんがやっているのを見ると、効果があるのは間違いないと思うのよね。ノートに書くだけで分かりやすくなるんだから…。…ノート？）

葵はひらめいた。

（いきなり前に出て書くのは無理だけど、お父さんと同じように、自分の手元でノートの代わりみたいに書けばいいんじゃないかしら？　前に出なくていいし、自分のメモなんだから恥ずかしさもないいし。少し大きめのA3用紙とかなら片澤さんからも見えるし‼　私天才じゃないかしら！）

〝小さなメモ帳に書き込む自分だけの記録〟と、〝ホワイトボードに書いて全員が見るスクライブ〟とのちょうど中間くらいの位置付けになるのだろう。会議の参加者が一緒に見ようと思えば見られる、自分のメモともいえる。スクライブの練習にはもってこいのサイズだ。

葵はコピー機からA3用紙を引っ張りだすと、二～三枚をノートに挟んだ。「書くのはシャーペンかな？　いや、サインペンがいいかもしれないなぁ。他の人から見やすい方がいいもんね。うんうん。いい気がする！」。ブツブツ自問自答しながら準備を整えた時、片澤が声をかけてきた。

「葵ちゃん、そろそろ打ち合わせ始めようか」

「はーい！」

打ち合わせのテーマは新入社員の教育計画だ。新入社員が基礎研修を終えて、まもなく各部門に配属されてくるのだ。現場でのオン・ザ・ジョブ・トレーニング（ＯＪＴ）を半年ほど経験して独り立ちしていくことになるのだが、トレーニングの内容は各部門に任されていた。そして保守部の教育担当は片澤と葵というわけだ。

フロアの端っこにある会議室に移動した二人は、雑談もほどほどにすぐに議論に入った。片澤が終了条件と時間配分を確認する。

「――って感じでいいかな？」

葵は「そうですね。いいと思います」と言いながら、手元のA3用紙に終了条件と、議題、時間配分をスクライブしてみた。このくらいならスムーズに書ける。

片澤は自然に葵のA3紙スクライブをのぞき込みながら、「まず一つ目の議題からだね」と話を始めた。葵の狙い通りに、片澤は程よく注目してくれている。

「配属される新入社員だけど、〇×大学でプロジェクトマネジメントを勉強してきた子らしいよ。プロマネは一応専門みたい。それから基礎研修の状況を人事に聞いてみたんだけど…」

片澤の話を聞きながら、葵はA3用紙にスクライブをしてみた。（うっ、片澤さん速い…）

「片澤さん、今の、もう一回言ってもらえますか？」

「えーとね、一言で言うと早とちりな性格みたい。落ち着いてやれば優秀な子みたいだよ…うんうん。その書き方でいいよ」

葵が何か言ったわけではないが、二人の間にあるA3用紙を中心に打ち合わせが進んでいく。打ち合わせがひとしきり終わると、片澤は大きく目を開いて身を乗り出してきた。

「葵ちゃんこれ、いいじゃない。新しい技？」

「へへ、そうなんです。父に言われて試してみたんです。父はスクライブって言い方をしていました」

「へぇ。普段の会議だと、みんな自分のノートとか小さいメモ帳にちょこちょこメモしてるじゃない？　よく考えたらあれ無駄だよね。誰か一人が書けばいいんだもん。こうやって書いてくれれば、これを中心に議論が進むようになるね。うん、こりゃいい」

葵は全然気が付かなかったが、確かに変な話だ。**同じ内容を、各自が別々の紙に自分だけが分かるようにそっとメモしてるなんて。他の人は議論に集中した方がずっといい。「会議ではノートを取る」のが常識だと思っていたけど、スクライブで誰か一人が書いて、**

「でも、話の流れが速くて全然書ききれませんでした。かなり議論を止めちゃったし…それに二人ならこれでもいいけど、四人とかの会議ではホワイトボードに書かないと見えませんよね。A3の紙に書くっていうのは、あくまで私の練習みたいなもので…」

「議論を止めるのなんか構わないよ。これ、例の〝離職原因洗い出し会議〟でやってみたら？ 俺も次回から出ろって言われてるんだ。これ、絶対うまくいく気がする」

「私もそうしたいんですが…、ホワイトボードに書き始めるのは無理です。そもそも前に立つのだって嫌だし、第一、書くなんて言い出せないです…」。葵は言い訳をマシンガンのように並べ立てた。

しかし、片澤はそんな言い訳は意に介していなかった。

「そんなこと？ それなら俺に任せて！ 書きやすい環境をご用意してみせましょう」

不安な顔をする葵をよそに、片澤はおどけてウインクしてみせた。

（はぁ、おかしなことになっちゃったなぁ…）

## スクライブのお悩み相談

その日の夜。不安げな顔をした葵が父の前に座っていた。片澤のせいで、ホワイトボードにスクライブをすることになってしまった。こうなったらワラだろうが、父だろうがすがるしかない。葵がA3用紙でチャレンジしたことや、片澤とのやり取りを話すと、父は満足気にうなずいた。

「A3用紙にスクライブか、考えたな。感心、感心」

「でしょ！　私にしては頑張ったでしょ？」

葵は一瞬得意気になったが、すぐに表情を曇らせた。

「まぁ、それはいいんだけどね、お父さん。簡単そうに言ってたけどスクライブってかなり難しいわよ…お父さんだからできるんじゃないの？」

「そうか？　でもやってみて初めて分かったことも多いだろ？　まずはやってみないと何も前に進まないからな。A3用紙でもなんでも、葵が自分でやってみたことは賞賛に値する」。父はかなり満足気だった。

食器を片付けていた母も乗っかってくる。

「確かにそうね。あんた小さい頃は何でもかんでも〝できなーい〞、〝こわーい〞、〝やりたくなーい〞とか言ってたのにね」

「いいじゃない、お母さん譲りの慎重な性格なの！」

「で、やってみて具体的にはどんなところが難しかったんだい？」

父の問いに葵は改めて考えてみた。

「うーん。一番大きいのは〝書ききれない〟ことかな、書くスピードが全然追いつかなくて。速くてついていけないから、ある程度話を聞いてから要約して書こうと思ったんだけど、そうすると要約するのが難しくて、考えているうちに話題が次に行っちゃうって感じで…」

「なるほど、スピードに関する悩みだね。よくある話だ。じゃあ対策のヒントを教えてしんぜよう」

「よくあるって…。じゃあ初めから教えてよ！」

「何言ってるんだ。〝スピードについていけない〟って、スクライブしてみて初めて分かったんだろう？　まずやってみる。うまくできなくて困る、だから解決策が欲しくなる。困ってない人に解決策を先に渡したってなんの意味もない」

「うっ。それはそうだけど…（しまった、ヤブヘビだったかも…）もう、いいから早くコツを教えてよ！」

## スピードアップのために、はしょる

「結論から言うと『下手な要約休むに似たり、はしょって書くのが吉』ってことかな。そもそも要約するのは相当難しい。無理に要約すると逆効果になることも多いんだ。『俺はそんな意味で言ったんじゃない！』とか怒られたりしてね。だから、言ったことをそのまま書くのがいい。だけど、当然書ききれない。だったらはしょって書けばいい」

「はしょるって何をどうするの？　要約とは違うの？」。葵は不機嫌な声を出した。はしょりたいけどはしょり方が分からないから困ってるんじゃない、と顔に書いてあった。

「まぁ落ち着け。例えば記号を使ったり、カタカナや略字で漢字をはしょったり、横文字をアルファベットではしょったり、色んなモノがはしょれる。こんな感じだ」と言ってノートに例を書きだした。

「コツは画数を極力少なくすることだ。どんなに省略して書いたって、その場にいる人間が理解できればいいんだからね」

葵は黙ってノートを見ている。

## 4. アルファベットで横文字をはしょる

「オペレーター」→「OP」

「トレーニング」→「TR」

「時間あたり」→「／h」

## 5. キーワードだけ拾って、冗長な言い回しや語尾をはしょる

「オペレーターが離職してしまう傾向があって、

僕はそれが問題なんじゃないかと思うんだよね」

→「OPのリショクが問題？」

## 〈スクライブのスピードを上げるコツ〉

### 1. 記号ではしょる

「上がる、下がる」→「↑、↓」

「良い、悪い」→「○、×」

「大きい、小さい」→「㊀、㊁」

「必要」→「㊇」

### 2. カタカナで漢字をはしょる

「議論が必要」→「ギロン要」

「精度が高い」→「セイド高」

「顧客」→「コ客」

### 3. 略字で漢字をはしょる

「個人」→「イ口人」

「問」→「向」

「5は、要約といえば要約だが、キーワードを拾って単に発言を短く書いただけだ。難しいことはしてない。これをうまく使えるようになると、グッと書くスピードが上がるぞ」

確かに画数は圧倒的に少なくなっている。単純に考えるとかなりスピードは上がるはずだ。

「ふーん。なるほどね。理屈は分かったけど、これを即座にやるのが難しいのよね」

「練習あるのみだ。慣れればすぐできるようになるよ。A3用紙でのスクライブがいい練習になるだろうから頑張れよ」

## 色は二色で十分

父の荒っぽい励ましを聞きながら、葵はもう一つ気になっていることを口に出してみた。

「うん。実はもう一つ悩んでいるのは色の使い分けなの、何色を使って書こうかとか考えていると、『ああ、次々話が流れていくー』って感じで…。お父さんはどう使い分けているの?」

「色か、これまた結論から言うと、最初は二色でいいよ」

「え? 二色? 会社のホワイトボードにはいろんな色のペンがあるわよ。赤、青、緑、紫…」

「慣れてきたらいろんな色を使えばいいんだけど、何色を使うのか悩むくらいならシンプルに二色で書くほうがいい。普通に書く時は黒、決まったことや、やるべきことは赤って感じで十分だ。後から振り返る時にも重要ポイントが赤字になっていると振り返りやすいし」

「そうなの？　もうちょっとカラフルにしたい気もするけど…」

「いや。シンプルでいい。**スクライブの目的は議論を可視化してかみ合わせることだ。きれいにかっこよく書くことじゃない。**父さんのノートは黒一色だろ？　それでも可視化って役割は果たしていると思わないか？」

言われてみれば、確かにそうだ。父のノートは黒一色で全く味気がない、でも十分に分かりやすかった。

「分かったわ、二色で練習してみる」。葵は素直に同意した。

食器を片付け終わった母が父の隣に座った。「あら、泣きそうな顔してたのに、少しスッキリしたの？」。確かに葵の顔には笑顔が戻ってきていた。

「まぁね。不安なことを誰かに話してみるって大事ね。あ、そうだ。ちょっとスクライブの練習したいから、お父さんとお母さん、何か議論してくれない？」

「あらあら、秘密の特訓？　なんかイイじゃない」

「私は目標ができると、真面目に突っ走る性格なのっ！　ほらっ議題は…お父さんが連れて行ってくれる高級レストランのディナーについてとか？」

「ええ?!　もう終わりにしてゆっくりビールを飲みたいんだけど…」

父の悲鳴とともに、鈴川家の夜は更けていく――

## ホワイトボードでスクライブを始める

その三日後、葵はいつもの時間に会社の一つ手前の駅で降りた。ひと駅分歩くのが最近の日課になっていた。気持ちのいい季節になってきたので歩くのも爽快だ。

まだシャッターが閉まったままの商店街を抜けて、大きな公園を横切る。犬を散歩させている人が何人か見えた。葵はこの公園が好きだった。オフィスビル街のど真ん中にテニスコート四面分くらいの公園が突如現れる。緑と、ちょっとした水辺が都会のオアシスのようだ。忙しい仕事のさなかも、気持ちがリセットできる気がした。

公園を抜けると最寄り駅の前に出る。ここからは通勤のサラリーマンの渦に飲まれることになる。癒しの時間もここまでか、と思った時、不意に肩をたたかれた。

「おはよっ、何？　隣の駅から歩いてるの？」

声を掛けて来たのは片澤だった。駅で同じ会社の人に会うのは珍しくなかった。通勤時間帯が同じなのだから当然といえば当然だが。

「おはようございます。ひと駅歩くの気持ちいいですよ。片澤さんもどうですか？」

「えー。まだ暑くない？　もう少し涼しくなったら歩いてみようかな」

二人は通勤の波に乗って歩き始めた。ここから会社までは五～六分の道のりだ。

「お薦めですよ。…片澤さん最近すこーしだけお腹出てきてないですか?」

「え?! 本当?! うーん…会社の飲み会事情に巻き込まれると、どうしてもねぇ…」。片澤は、お腹の肉をつまんだり、さすったりしながら盛んに気にしている。

「歩いた方がいいですよ。放っておくと幸田さんみたいになっちゃいますよ?」

「はい…。気をつけます」

「それより、例の会議、今日ですよね? どうやって書き始めればいいですか? 私、既にかなり緊張してて、心臓ドキドキしてるんです…」

今日は、前回ごちゃごちゃした「離職原因洗い出し会議」の二回目が予定されていた。前回とほぼ同じメンツで同じように議論することになる。違うのは、葵がホワイトボードにスクライブするであろうということ。うまく書けるか、失敗しないか、そして幸田がどんな嫌味を言ってくるか…。考えただけで心臓が飛び出しそうだ。

一方の片澤はいたって気楽な雰囲気だ。

「大丈夫大丈夫、任せといて。この片澤、葵嬢のために書きやすい環境をご用意いたしましょう」と、おどけている。

「フザケている場合じゃないですよぉ。私、緊張して寝られなかったんですから」

「あらら。実は俺、昨日スクライブのトレーニングを受けてきたんだ。ビジネス雑誌が主催している公開セミナーでさ。たまたま見つけたんだ。運が良かったよ」

「本当に？　そんなにタイムリーにトレーニングなんてやってるものなんですね」

「うん。ほとんど飛び込みって感じだったけどね。葵ちゃんのA3スクライブを見てたら、俺もやりたくなっちゃってさ。トレーニングは満席だったんだけど、無理言ってねじ込んでもらったんだ」。片澤は親指を立ててみせた。

「すごく良かったよ。新しいことを学ぶって楽しいよね。ってゆーかさ、この講師、もしかして葵ちゃんのお父さんじゃない？」

スクライブトレーニングのテキストをカバンから引っ張りだして、葵に見せた。確かに表紙には「講師・鈴川義経」と書いてある。

「うっ、その通り。父です…」

たまにトレーニングの講師をやっているのは何となく知っていたが、スクライブのトレーニングをやっていたとは。しかもタイムリーに昨日。ちょっと受けたかったかも、と思ったが、それより緊張が止まらない。

「やっぱりなぁ…そうじゃないかと思ったんだよね…。お父さんすごいね！　トレーニングの内容はもちろん良かったんだけど、プレゼンとか質疑応答もうまいし、なんて言うか、説得力がスゴイっていうか、厚みがあるっていうか、実戦的っていうか…。とにかくかっこよかったよー。

家でもそうなの？」

葵の緊張をよそに、片澤は興奮気味に早口でまくし立ててくる。

「うーん、確かに正論ばっかり言うし、間違ったことは言わないと思うんですけどねぇ…。でも、仕事以外はだいぶダメですね。しょっちゅうビールこぼしたり、予定を忘れたり。母がいないと生きていけないんじゃないかと思うくらいひどいんですよ」

「そうなんだ」。片澤はニヤリとしながら思い出していた。（そういえば、トレーニングでも派手にコーヒーこぼしてたな…天は二物を与えずか）

「それはそうと、こないだ駅前にできたベネチア料理の専門店知ってる？　すごくおいしいんだって！」。片澤はランチの新規開拓に余念がない。

「へぇ。ベネチア料理ってなんですかね？　イカスミ？」

「何だろうね？　俺も知らない！　行ってみれば分かるよ。いつ行く？」

「知らないんですか？　そこは調べておくところでしょ？」と、どうでもいいやり取りをしていたら、いつのまにか会社のエントランスホールに到着していた。気付いたら緊張も幾分マシになっている。…やるしかないか、葵は心の中でつぶやいた。

――その日の午後。

葵は会議室に向かっていた。決してベネチア料理の日程を決める会議ではない。例の「離職原因洗い出し」会議だ。ベネチア料理ツアーのメンバーと日程は午前中に既に決まっていた。こういうことだけはスパッと決まるのに真面目な会議はなかなか結論が出ないのはなぜなのか。

（片澤さん、どうするつもりなのかしら？）

葵はドキドキしながら会議室に入った。既に幸田、田内、片澤は会議室の真ん中に座っていた。片澤が書くことの大事さについて、熱弁を振るっているようだった。

「ってわけで、葵ちゃんが書いているのを見て、昨日スクライブトレーニングを受けてきたんですよ。会議を書いて『見える化』するって、すごく大事な気がするんです」

「うさんくさい感じやな。ま、ホンマに良くなるんなら課長に勉強させた方がええなぁ」

幸田は持っていた手帳をテーブルに投げ出して、フンと鼻を鳴らした。

「あ、葵ちゃん。今日の会議だけどさ、こないだA3用紙に書いていたみたいにホワイトボードに書いてみてよ。後で水口課長に報告しないといけないから、議事録の代わりにもなるし」

「ええ？」

思ってもみない雑な振りに葵はがくぜんとした。あなたが言ってた、〝書きやすい環境〟ってこれですか？

「トレーニング受けてきたなら、片澤さんがスクライブすればいいじゃないですか？」

「いいんだよ、俺ヘタクソだし。いいからいいから」

「えー、私だってヘタクソですよ…どうなっても知りませんからね…」と言いながら、葵は渋々席を立ってホワイトボードの前に移動した。振りは雑だったが、自分が言い出してホワイトボードの前に立つよりずっと抵抗は少なかった。誰かが強引に言い出すと、〃渋々やります〃感が出て、心理的なプレッシャーが軽くなるのかもしれない。

「まぁ勝手にしたらええけど、全ッ然期待してへんから大丈夫やで」

幸田はいつも通り渋い表情を葵に向けたが、次の瞬間には「始めよか」と会議を前に進め始めた。それを受けて田内が小さく声を発する。

「前回どんな話が出たか振り返っておきましょうか？」

「そうですね」と片澤が後を続ける。「それが終わったら、追加で原因を洗い出し、離職の主な原因を絞り込みましょう。葵ちゃん、俺覚えきれないからこういうのも書いておいてね」

ウィンクのおまけ付きだ。

「さて、こないだ何が挙がりましたっけ？」

「えーっと、立地が悪いって話と、有給の話が挙がったよね」。田内が記憶をたどる。

「ほらほら、葵ちゃん書いて、書いて」。片澤が葵に催促する。

「うっ、えーっと、なんて書けばいいですか？」

「『立地が悪くて通勤がつらい』、『周りに気を使って有給が取りづらい』って感じかな？」

「あと、『昼飯を食うところが少ない』って話も挙がっとったなぁ」

「それは、お弁当持ってきているから関係ないって話になったじゃない？」

田内が小さい声で言ったが、葵は聞き逃さずすかさずスクライブする。幸田はそのスクライブを見ながら反論を繰り出す。「いやいや、これはやな――」

議論に発展しかかっているのを見た片澤が口を挟んだ。

「あの、前回の振り返りからそれてません？　まず振り返りやっちゃいませんか？　他には、『法人相手のコールセンターだから』って話も出ましたよね？」

幸田はフンと鼻を鳴らして応じた。「確かに前回その話は出たけど、他のコールセンターと同じやろって話になったやろ？」

「僕が違うって言ったじゃないですか…」。田内がまたしても小さい声で言った。

「じゃあここは論点ですね。葵ちゃん、〝(問)〟って書いておいてね」――葵は片澤におしりをたたかれながら、スクライブを続けていく。

## 会議の進め方

- ●前回の振り返り
- ●原因の洗い出し
- ●絞り込み

## 終了条件

- ●離職原因が絞り込めた状態

## 離職原因を洗い出す

1. 立地が悪く、通勤つらい
2. 気を使い有給取れず
3. 立地が悪く、昼メシない
   (問)お弁当だから関係ない？
4. 法人クレームキツイ
   (問)他社と同じ？

——五分後。

「大体前回の話は挙がりましたね。他に原因っぽい話はありますか？」。片澤がホワイトボードを指しながら問いかける。

「人間関係といえばさ、こないだ、原さんがフロアで大泣きしちゃったんだよ。伊藤さんにキツイこと言われたんだって」

「そんなん個人の問題やろ、いちいち面倒見きれんわ」

「長いこと同じメンバーで同じ環境にいるとどうしても合う合わないが出てきちゃうんだよね。原さんにも相談されちゃって…」。田内は力ない苦笑いをしている。

「田内さんって、そういう仕事もこなすんですね…」。片澤が大変ですねと、つぶやいた。

「コールセンターをうまく回すにはメンバー間の関係性も気を付けて見ないとね」

「…あの、今の話、なんて書けばいいんですか？」。葵は申し訳なさそうに尋ねる。

「ああ、ごめん。ええっとね。僕が言いたかったのは…、『固定された同じメンバーで長時間いると大抵ギクシャクしてくる』ってことかな」。田内が考えながら話を要約してくれた。

「せやったら定期的にチーム替えやったらええやん？」。幸田が当然の疑問を投げかける。

「それはスキルの面で難しいんだよね…、でも大きな問題だから対策を考えたいな」

片澤が大きくうなずいた。「葵ちゃん『対策考える』って書いておいてくれる？」

## 葵のホワイトボード

### 会議の進め方

●前回の振り返り
●原因の洗い出し
●絞り込み

### 終了条件

●離職原因が絞り込めた状態

### 離職原因を洗い出す

1. 立地が悪く、通勤つらい
2. 気を使い有給取れず
3. 立地が悪く、昼メシない
(問) お弁当だから関係ない?
4. 法人クレームキツイ
(問) 他社と同じ?
5. 設備が古い
6. 勤務時間が長い
7. 福利厚生が悪い
8. 人間関係が大変
●フロアで大泣き
●昔は仲いい
●個人の問題
●同じメンバーで長時間
→ギクシャクする
→ ●チーム入れ替え
●難しいが必要
●原、伊藤の関係

TODO 対策考える

「まあこんなところですかね？　後は、この3と4の二つの論点が放置されていますね？」

片澤がスクライブを指しながら言った。「議論しちゃいましょうか？」

「おっし、やっつけようや。いくら弁当やってゆうても昼飯は重要やで――」

片澤がホワイトボードのスクライブを積極的に使って、発言や論点を確認してくれている。葵のスクライブをベースに自然に議論が進んでいく。彼が自分でスクライブしなかったのはサポートに回るためだったのか――。

しばらく議論が続き、ホワイトボードには八つの要因が並んでいた。それぞれ具体的な事象や、困り具合が書き込まれている。スクライブは、父ほどうまくはできなかったが、父がお手本を見せてくれていたこと、自分なりにスピードをつける訓練をしていたこともあって、なんとか形になっていた。

「挙がりましたね」。片澤がスクライブを見ながらつぶやいた。

## 葵のホワイトボード

### 会議の進め方

●前回の振り返り
●原因の洗い出し
●絞り込み

### 終了条件

●離職原因が絞り込めた状態

### 離職原因を洗い出す

1. 立地が悪く、通勤つらい → ○○○○○○○○○ ○○○○○○○○○ ○○○○○○○○○

2. 気を使い有給取れず

3. 立地が悪く、昼メシない

(問) お弁当だから関係ない？ ―
●たまには弁当じゃない日もある
●ほぼ弁当、外に興味ない
(結) 関係なし

4. 法人クレームキツイ

(問) 他社と同じ？ ―
●対顧客は同じプレッシャー
●営業担当からのプレッシャー大
→他社では無い
(結) 影響ありそう

5. 設備が古い → ○○○○○○○○○ ○○○○○○○○○ ○○○○○○○○○

6. 勤務時間が長い

7. 福利厚生が悪い → ○○○○○○○○○ ○○○○○○○○○ ○○○○○○○○○

8. 人間関係が大変

●フロアで大泣き
●昔は仲いい
●個人の問題

●同じメンバーで長時間
→ギクシャクする → ●チーム入れ替え ●難しいが必要

●原、伊藤の関係

TODO 対策考える

「せやな。3と5は離職原因にはならんっちゅー話やから、残りが主要な離職原因っちゅーわけやな」

幸田がスクライブを使って自然と振り返りをしている。葵は幸田の行動に少し驚いたが、会議の途中でも、挙がった意見を振り返っておくのはよさそうだ。頭の整理ができるというか、参加者の思考の土台がそろう気がした。

「この状態で優先順位を付けるなら、どれやろか？」

「僕の見解だと…、2と4と8が大きな問題だろうね。西田さんにも意見を聞いてみたいな」

田内がホワイトボードの番号を赤丸で囲った。

「じゃあ2と4と8を主要な原因としておいて、念のため西田さんにも確認してもらいましょうか？」

「そうだね。僕がやるよ。**このスクライブを写真に撮って西田さんに見せれば話も早いしね**」と言いながら、田内は早くもスマホを取り出して写真を撮っている。

「おっし、コレでええな。会議終了や！」

幸田がパンと手を打って立ち上がった。

前回のモヤモヤっぷりはどこへやら、会議はスッキリ終わった。どんな案が出たのかもホワイトボードを見れば一目で分かる。片澤がかなり葵をフォローしていたが、葵のスクライブが会議の軸になっていたのは明白だった。

「水口がおらんとちゃうなー。ズバッと行ったな」。幸田はスッキリした様子だ。

片澤は、葵のスクライブを見て改めてその効果を実感していた。幸田はスクライブの効果とは思っていないようだが、まぁそれはいい。

「片澤、水口課長に報告よろしく頼むで。わしは次の会議の前に昼飯食べんと」と言い残して、幸田は足早に会議室から出て行った。

葵は、幸田が出て行ったのを見届けてからドサッと椅子に座って天を仰いだ。

「あー、緊張したぁ、疲れたぁ」

「お疲れ様」。田内が優しく声を掛けてくれた。

「ありがとうございます。拙いスクライブですみませんでした」。葵がペコリと頭を下げる。

二人のやり取りを見ながら片澤が田内に声を掛けた「田内さん、この後ちょっと時間もらえませんか？　ちょっと振り返りをしたいんです」

「振り返り？　うん。いいよ」

## 振り返り

「ありがとうございます。スクライブを試してみましたけど、どうでしたか？」

いつの間にか片澤がホワイトボードの前に立ってペンを握っていた。

「そうだね。よかったと思うよ。具体的には、そうだな…」

ちょっと一呼吸おいて、田内は続けた。「**普段は言いっぱなしで、発言が空中に消えていく感じなんだけど、スクライブで受け止めてもらっている感じがした**なぁ。僕、声も小さいしね」

「なるほど、確かにそれありますよね。他にはどうですか？」

「うーん。後は、**議論が見える**のがいいね。『前にどんな話してたっけな』とか考えなくていいっていうか。議論していても地に足がついている感じがしたよ。フワフワしてない感じ」

片澤は田内の発言をホワイトボードに書き留めていく。こうしたちょっとした打ち合わせでもスクライブは使える。

「それから、書いてもらっていると、『自分が曖昧な発言をしているんだな』って分かったよ。鈴川さんに『なんて書けばいいのか？』って聞かれて、改めて意見をまとめてみたりして。聞かれてハッとするんだよね。アレは結構ありがたいかなぁ」。田内は照れくさそうにしている。

この意見は意外だった。葵は、議論を止めてまで「なんと書けばいいか？」と確認するのに抵抗があった。ところが、田内はむしろ「**スクライブされることで、まとまらない発言をしている自分に気づく**」と言っている。もっと積極的に確認してもいいのかもしれない。

「じゃあ、書いていた葵ちゃんはどうだったの？」。片澤は葵に水を向けた。

「…私は、やっぱり書くのが難しくて。もっとうまく書けるようにならないと、と思ったかな…。特に話がゴチャゴチャしたところはすごく書きづらかったです」

「なんて書けばいいか？って聞いていた部分だよね。ちょっと面白い話があってね。昨日のトレーニングで『**書きづらいのはスクライブの技術不足が原因じゃなくて、単に議論がぐちゃぐちゃしているからだ**』って講師に言われたんだ」

田内は目を閉じてうなった。

「もしかして書きづらい議論と、書きやすい議論があるってことかな？」

田内には似たような経験があった。たまに会議の議事録を取るのだが、議事録が取りづらい会議と、取りやすい会議があるのだ。もしかしたら同じことかもしれない、と考えていた。

葵は額に手をあてた。「うーん、どうか分かりませんけど、議論が錯綜してくると、書いた方がいいのか、放っておいていいのか分からなくて…。これまでの議論とつながりがなかったりするので、別のテーマの議論に入ったのか、単に脱線しているだけなのか分からないんです」

「そりゃそうだよね。自分で話していてもよく分かんないんだから、書いている方はもっと分からないよね。ごめんね」。田内がすまなそうにしている。

「講師が…まぁ 葵ちゃんのお父さんだけど…なんと言っていたかというと」と、片澤は腕を組んで真面目な顔を作った。

「スクライブする人の技量にかかわらず、〝書きづらい議論〟というのが存在する。うまくスクライブできるように技術を磨くことも大事ではあるが、本質的には〝**書きやすいように議論してもらう**〟**ことの方がずっと大事だ**――と言っていました」

田内が目を見開いた。「なるほどね、すごい納得。**書きやすい議論は筋道立っていて、整然としている**ってわけだね」

片澤は大きくうなずいた。「そうです。**スクライブの重要な役割は〝議論の見える化〟と〝議論の整流化〟**であり、スクライブしやすいように議論を誘導することで、理路整然とした議論が展開されるようになるってことみたいですよ」

「へー。片澤さんすごい…」。葵はすっかり感心していた。片澤のスクライブも分かりやすかった。

「いや、全部昨日聞いた話なんだけどね」。片澤はぺろりと舌を出して笑った。

「何にしてもスクライブは効果ありそうだし、続けてみたいな」

「うん、今日もすごく助かった。鈴川さん、これからもよろしくね」

田内はうれしそうに言って会議室を出て行った。

## スクライブの始め方、定着のさせ方

スクライブがうまくいったのはいいのだが、葵はまだモヤモヤしていた。

「…でも、やっぱりいきなり始めるには抵抗があるし、続かない気がします…」

確かに、今日も片澤がいなかったら書き始めることすらできなかったに違いない。

「書き出しの時もそうだし、書いている最中も片澤さんがフォローしてくれたのでなんとかやれました。『今の発言書いておいて』、とか、『ほら書かないと！』って発破を掛けてくれたので、すごく書きやすかった。〝鈴川がなんか出しゃばって来やがった〟って感じがなくなったのがよかったんだと思うんです」

「そうか…。じゃあ、いい始め方、いい定着のさせ方を考えてみようか？」

片澤はホワイトボードを裏返して、まっさらな面を表に向けた。

「はい。ちょっと考えていることがあって、まとまらないんですがしゃべってもいいですか？」

「もちろん」

「とにかく、一人でスクライブをやり始めるのは本当に難しいです。緊張するし。恥ずかしいし。だから、**周りが自然と『スクライブしなよ』って空気になってくれないとつらい**と思うんです…」

「なるほどね、じゃあどうやってその空気感を作るかだな。一つは、Ａ３スクライブを続けることかな。あれいいよ、ホントに」

片澤を巻き込めたように、A3スクライブを続けていれば、ジワジワ広がっていく可能性は大いにあった。

「へへへ。ありがとうございます。あとは、片澤さんが受けてきたトレーニングをみんなで受けてくるのが手っ取り早いんですけどね。トレーニングを受けに行く動機というか、説得材料が要るんですが…」

「そうだね。みんながスクライブを知ってたらやりやすい。問題は必然性か…。だったら『書くことは若手の訓練にもなるのでスクライブやりましょう！』って口説き方がいいかもしれないな」

「訓練ってどういうことですか？」。葵が首をかしげている。

「これもトレーニングで教えてもらったんだけどね。若手って会議に出てもぼうっとしているだけだったりするじゃない？　だって聞いてなくても全然問題ないんだもん。議論に参加できるわけでもなくて、決まった役割もないからね。だからスクライブを役割としてお願いしたら、真剣に聞いて、ちゃんと議論を理解しようとするようになるんじゃないかな。聞くのだって訓練がいるし、スクライブの練習にもなるし、いいことずくめってわけ」。片澤は少し興奮気味に一気にしゃべった。

「なるほどね。確かに、ボケッと座っているよりよっぽどいいかもしれないですね。じゃあ、片澤さんが、若手を連れてスクライブトレーニングに行っていいか課長に相談する。そして、『若手の訓練としてもスクライブはいいので、しばらく試してみたい』と申し出てみる、ってことですね？」

「まぁそうなるかな。葵ちゃんもA3スクライブを続けるんだよ？」

「もちろんですよー」

スクライブを始めやすい環境が肝だと思っていたが、なんとかなりそうだ。これからは片澤が味方になってくれる。新しいことを始めるのに、一人と二人じゃ大違いだ。葵の顔はずいぶん晴れやかになっていた。

## 父の日記4

葵のA3用紙スクライブは、なかなか考えたものだ。いきなり始めるのは恥ずかしいから、まず手元で練習を兼ねて、あわよくば、A3用紙が議論の中心になるかもしれないというセコイ作戦。いや。セコイがよく工夫している。褒めてあげたい。なんとかスクライブを始められているようだから、スクライブトレーニングでよく出る質問を書き出しておこう。いつか聞かれるかもしれない。

**質問① ホワイトボードに書ききれないのですが**

ホワイトボードのスペースには限りがあるから、当然こういう問題が出てくる。ホワイトボードを有効に使うには、事前にレイアウトを決めておくといい。といっても、縦に線を引いておくだけだ。横に長く書きすぎると後がつらい、三分割くらいにしておけばいいだろう。これだけで結構有効に使える。

それでも書ききれない時は、写真を撮って消してしまうか、ひっくり返して裏面を使うことが多いかな。

**質問② 文字の大きさの目安は？**

決まった大きさはない。参加者との距離によって調整しているのが実情だ。結局参加者が読めないと意味がないからな。参加者が多く距離があれば大きな文字でキーワードだけを書く。三人くらいのこじんまりした会議なら、小さい文字で多めにスクライブすればいい。参加者が座る位置からホワイトボードを見て、ちょうどよい文字の大きさを事前に確認しておくといいだろう。

**質問③ 何に気を付けて書けばいい？**

スクライブする時には、キーワードにアンテナを立てておくとよい。「要は」「まとめると」「言いたいことは」「結局」などの「まとめるときの枕詞」がその一つ。この後に続く言葉は逃さず書く。

もう一つは、「数字」だ。件数、人数、売り上げ、日付け、…、数字が出てきたら書いておこう。

**質問④ 文字だけでいいの？ 絵は使わないの？**

使ってよいが、慣れてきたらでいい。矢印を活用したり、図で示したり。ビジュアルに表現できると当然分かりやすい。しかし、これは結構難しいものだ。まずは基本を押さえることから。

## 質問⑤ フレームワークなどを使うとカッコイイと思う

これはあまりお薦めしない。世の中にあるフレームワーク（SWOTとか3Cとかペイオフマトリクスとか）を持ち出してきても、的外れのことが多い。フレームワークに当てはめて議論してもダメ。いま議論していることが見えるようにフレームを作らないと意味がない。議論したいこととずれてしまうからだ。

だから、「フレームワーク」なんて堅苦しく考えず、「今の話を整理してみると、三つの要素に分かれますかね？　一つめは…」とか、「複雑ですねぇ、イメージ的にはこんな感じの絵になりますかね？」という感じで、その場でひねり出していけばいい。議論が見える化されて、議論がかみ合えばいいのだ。フレームワークを使うことが目的ではない。

こんなところだろうか？

そういえば、先週のスクライブ公開トレーニングに、葵の会社から一人来ていた。感じのよい青年だった。葵と関連のある部署にいるのだろうか？「隠れファシリテーター」として連携できると、スクライブもグッとやりやすくなるのだが。明日あたり、葵に聞いてみようかな。

第4章

# 隠れないファシリテーションを始める

## 大混乱の課題解決会議

――葵がスクライブを始めてから数週間がたったころ…。

「一体どういうことなんだ！」

秋晴れのある日。スカイツリーが見えるＮＮＰ本社ビル二〇階には、時ならぬ怒声が響き渡った。近くにいた社員たちは静まり返っている。

怒声の主は、常務取締役の堀井。営業出身のやり手で現在も営業本部を統括している。次期社長とも目され、社内でも相当な発言力を持っている堀井が、水口と田内をにらみつけている。雰囲気からして、ただごとではない。

「こんな記事が出たら、営業にとってどれだけマイナスに働くのか分かっているのか！　コールセンターが営業の足を引っ張ってどうするんだ！」。堀井は手にした雑誌で、水口の机をバンバンたたいている。

「ど、どうしちゃったんでしょう」。葵は首をすくめて小声で隣の片澤に問いかけた。

「うーん。推察するに…。堀井常務の持っているあの雑誌…。ＩＴ業界の専門誌『月刊ＩＴプロフェッショナル』だな。知ってるだろ？」

「ええ、毎年ＩＴ企業の顧客満足度調査を載せている雑誌ですよね。うちみたいな、大手ＩＴ会社のお客さんに、サービスメニューとか価格とかサポートとか、いろんな切り口で満足度を聞くっていう…」

「そうそう。その満足度調査の特集記事が今月号に出てるんだよ」

「それがなんで堀井常務の怒りと関係してるんですか？」。葵には見当もつかない。

「実はね、今年、うちの会社の評価が大幅に下がっていたんだよ。これまでは毎年、総合一〇位近辺だったのが、一気に五〇位以下になっちゃって。記事を見ると、サービスメニューや価格への満足度は高かったのに、コールセンターへの評価がかなり悪くて、全体評価の足を引っ張ったんだ。それでコールセンターを運用しているうちの部署に怒鳴り込んできたってことじゃないかな…」

「あちゃー、そうなんですか。そういえば保守部門の本部長も部長も海外出張中ですもんね。それで水口課長に直接…」

葵と片澤のひそひそ話が全く聞こえないほど、フロア内は堀井の怒号で満ち満ちている。怒りの矛先は水口だけでなく、コールセンターの責任者である田内にも向けられているようだ。

「あ、あ、あの、常務、そうはおっしゃいますが、コールセンターの人間は、せ、せ、せ、精一杯努力していまして、あの、その…」。田内はかわいそうなくらい縮み上がっている。

「いや田内君、頑張っているとか常務がお聞きになりたいのはそういうことじゃないんだよ。ですよね、常務？」。水口は完全に他人事な口調だ。

「そうだ。聞けばコールセンターは慢性的な人員不足だって話じゃないか、早急に増員してくれ！　このままでは顧客が離れていく一方だ！　取れる案件をみすみす手放す余裕なんてないんだよ。全社を挙げて必死で売り上げ目標達成に向かっているのに、足を引っ張るなんて言語道断だ！」

「で、で、でも…」。何かを訴えようにも、田内の口は既に回っていない。

「もういい！　来週末までに対策案をきちんと出せ！　状況によってはコールセンター解体も辞さないぞ？　分かったか！」

堀井はもう一度テーブルをバンとたたくとそのままフロアを出て行った。水を打ったように静まり返っていたフロアは、堀井が出て行くのと同時にざわめきに包まれた。

「すごい剣幕だったな…」

「エライことになったぞ…コールセンター解体だって?!」

ざわめきが大きくなっていくなか、渦中の水口と田内は呆然としていた。

「解体か…。自前でコールセンターを運用するのをやめて、外部にアウトソースしたらどうか、という話は前にも一度、出とったからなあ」と渋い顔で幸田がつぶやく。

「その時は、コスト的にはアウトソースに利があるけど、質の高い対応をするには、自前でコールセンターを持って、オペレーターを育てた方がいい、という話で一旦落ち着いたんです。アウトソースしたらもっと満足度が下がっちゃうと思うんですが」。片澤が悲痛な表情をみせる。

「あの剣幕じゃ、そんなことお構いなしやろ？　堀井さん、過去にも一つ事業部を潰した前科があるからな…こりゃホンマに解体もあり得るな…」

その時解体された事業部の幹部は、全員社内失業したという伝説があるくらいだった。ただの脅しとはとても思えない。

「どうしましょう…」。田内はさらに小さくなって水口を見ている。

「どうもこうも、対策案を出すしかないだろう…俺は別件が忙しくてほとんど手伝えないから、田内がコールセンターのオペレーター統括として案をまとめてくれ。よろしく頼んだぞ」

水口の丸投げ気質は、ここでもある意味一貫している。

「そんな…」

その日の午後、緊急会議が開かれた。田内が対策を練るべく関係者を呼んだのだ。

会議室には、田内、幸田、片澤、西田、葵、それにコールセンターのリーダーたちが集まっていた。

周りを見渡しながら田内が口を開く。

「みなさんも午前中のやり取りを聞いていたでしょう?」

「フロア中に響いてましたからね…」。片澤が気の毒そうな声で言った。

「なので、対策を一緒に考えてほしいんです。コールセンター存続の危機だから…」

会議室に集まった面々には重苦しい空気が流れている。少し間を空けて、幸田が口を開いた。

「本来、課長がなんとかするべき話やろ? お前も貧乏クジ引くなぁ、田内よ」

「でも、コールセンターの責任者は僕だからね…」

「ふん。しゃーないな。何から始めよか?」

「そうだね。何から始めたらいいのかね…鈴川さん、どう思う?」

田内は弱々しく葵に話を振った。

「いつも通り、終了条件と時間配分から考えませんか?」

「なんで鈴川が仕切っとんねん? 田内の会議やろうが? 田内もなんで鈴川に頼るんや?」

幸田に怒鳴られた田内は、体をさらに小さくさせながらも、葵のために抗弁した。

「いいんだよ。鈴川さんにスクライブしてもらえると助かるし」

数時間前、葵は田内から相談を受けていた。田内は葵なら会議をうまくまとめられるだろうから、「書くファシリテーション」をやってくれないかと頼んでいたのだった。断りたかったが、コールセンターの存続がかかっている。田内の依頼を渋々承諾していた。それに、スクライブをやり始めてから一カ月ほどたち、課内でもスクライブが浸透しつつあって、葵はすこし自信を付けていた。

（もしかしたらスルッとうまく行っちゃうかもしれないわ。すごいじゃん、葵ちゃんの力でコールセンター存続！　なんてね）

一時間後、葵の甘い考えは、見事に打ち砕かれることになる。

「ふん、わけ分からんわ」

幸田の悪態をよそに、田内は終了状態を考えている。

「終了状態は…、〝コールセンターのオペレーターを増やす施策が出ている状態〟かな？」

田内が考えながら言った。すかさず葵がホワイトボードに書き留める。

それを見て、片澤が口を開いた。

「オペレーターの数を増やすなら、採用計画の見直しが必要なんでしょうね。去年の採用計画はダメでしたよね。新人が予定の半分しか入ってこなかったんですから」

片澤が言い終わらないうちに西田が反論をする。

「やだー。ダメっていうのは心外だわ。ちゃんと面接した結果、いい人材がいなかったってだけなんだから。ダメだったのは応募してきた人材の質よ」

「そうかもしれませんけど、結果として採れなかったんですから工夫の余地はあるでしょ」

「今のやり方が最適だと思うわ。これ以上工夫したって効果は少ないと思う。そもそも――」

終了状態を確認したかっただけなのに、いきなり議論が始まってしまった。葵が両手を振って二人の間に入った。「ちょ、ちょっと待ってください。終了状態は決まりましたけど、何にどのくらい時間を配分して議論しますか?」。一瞬、会議室全体の動きが止まった。

「そうだな、採用計画の問題点を議論して、その後に改善策の検討かな?」。田内の言葉を受けて、葵はホワイトボードにスクライブをする。

それを見た西田が顔色を変えた。

「ちょっと待ってよ、今までの採用計画が悪いみたいな論調だけど、そんなことないわよ!」

ここで幸田もハゲ頭をさすりながら口を挟んできた。「ワシは田内が言った〝終了状態〟が気持ち悪いわ。オペレーターを増やせば問題は解決するんかいな? そもそも本当にオペレーターの人数が少ないから、満足度が低かったと言えるんかいな?」

「最近はコールセンターの二四時間対応ニーズが強くなってきたり、外国語にも対応してほしいという要望があったりするらしいですよ」。答えたのは片澤だ。

「それやったら、単にオペレーターの数を増やしてもダメやんか？　特定のスキルがあるオペレーターを増やしたり、勤務体系を変えたりせなあかんやん――」

一時間後。

葵が確認しても、スクライブしても、議論がまとまる気配はなかった。

浮かんでは消える論点を、懸命にスクライブするものの、書いた論点を議論する雰囲気にならない。みんな言いたいことを言い、自分の主張をする状態が続いた。

「あの、皆さん、〝オペレーターを増やすにはどんな施策があるか〟って論点をまず話すことにしませんか？」

「鈴川、何をズレたこと言ってんねん。ワシはその論点自体が、気に入らんのや。単に人増やして何が解決するんや？　ウチの技術サポートチームにもダメな点があるかもしれん」

論点を一つに集約させようとする葵の苦労も、一蹴される始末。

〝混沌としている〟という言葉がピッタリの状態に、葵は困り果てていた。

さっきからしゃべっているのは幸田と西田だけ。コールセンターのリーダーたちは二人のやり取りを遠巻きに見ているし、いくらスクライブしても一向に議論がかみ合う感じがしない。時間はあっという間に過ぎ、終了イメージすら決まらないままに会議の終了時間になってしまった。

「今日は時間切れやな」。幸田が時計を見ながら言った。「鈴川の仕切りもグズグズやし、もうアカンな。遊びと違うんやぞ?! コールセンターがなくなったら西田も田内も社内失業や」

「どうもこうも、もう一回会議するしかないよ…」。ますます小さくなった田内は声を絞り出すように言った。

幸田は、大きなため息をついて、せやな、とだけ言って会議室を出て行った。西田もコールセンターのリーダーも後に続く。残ったのは田内と片澤と、今にも泣き出しそうな葵だった。

「田内さん、すみません…。何もできませんでした…」。葵はすっかり自信をなくしていた。

「ごめんね、巻き込んじゃって」。田内もすまなそうにしている。

「片澤さんも、全然助けてくれないし…」

「うーん。ちょっと手が出なかったよ…」。片澤は頭をかいたが、事実、仕切りの難易度は段違いに高かった。これまでの会議が、〝情報の共有〟や、〝タスクの分担〟〝意見出し〟などが主目的だったのに対して、今回の会議は〝課題の特定〜解決〟を目的とした会議だったからだ。

これまでやってきた、〝確認するファシリテーション〟と〝書くファシリテーション〟で、なんとかなるレベルを超えている気がする。とはいえ、何とかしないと、一週間でコールセンターがなくなってしまう危険性もある。

（さて、どうしたものか…）

額に手をあてて考えていた片澤は、突如ひらめいた。

「そうだ、こういうのどうかな…？」

## プロのファシリテーターの会議を見る

その週の金曜日、葵と片澤は、葵の父、鈴川義経の勤務先前にいた。

父の会社は、日本橋にあった。丸の内のような荘厳なオフィス街ではなく、四～五階建ての細めの雑居ビルが肩を並べる親しみやすいビジネスエリアだ。たまにビルとビルの間に個人住宅が挟まっている。

飲食店もパラパラ見える。表に酒樽を並べてテーブル代わりにしているイタリアン、インド人が忙しく準備をしているカレー屋さん、派手な外観の中華料理店などなど。

「ランチには困らなさそうだねぇ」。片澤はキョロキョロしながら言った。

「バラエティーは豊富だし、歴史あるお店も多そうだし」

「片澤さんご飯のことしか考えてないんだから、もう、奥さんになる人は苦労しそうですね」

葵はちょっとあきれてみせてから目の前のビルを見上げた。「父の会社に来るのは初めてなんです。どんな感じかな」

外観はこれといって特徴のないオフィスビルだが、小さな受付で名前を告げ、中に通してもらって驚いた。なんだかおしゃれだ。

執務エリアは、モダンな四角い白いテーブルがランダムに並ぶ、いわゆるフリーアドレス型のオフィスになっている。テーブルには社員らしき人たちがまばらに座っていた。窓際にはカウンター席が、窓の外には広いバルコニーデッキがある。外に出て仕事をしている社員までいる。よくよく見ると、床はカーペットやビニール張りではなくフローリングだった。

最も目を引くのは、高さ二メートル、幅一メートルほどの自立式のホワイトボードだ。キャスターが付いていて、動かせるようになっている。白いテーブルの間にランダムに置かれ、色々な図や文字が書き込まれていた。間仕切りも兼ねているようだ。

「はー。なんだかうちのオフィスとぜんぜん違うな……」。片澤が感心していると、ホワイトボードの裏から父がひょっこり顔を出した。

「やぁ、いらっしゃい。片澤くん、お久しぶりだね」

「鈴川さん、お世話になります。突然ご連絡してすみませんでした」

「メールをもらった時は驚いたけどね」

片澤は、葵の父を頼ることを思い付いたのだ。葵に色々なことを教えていたのは知っていたし、スクライブのトレーニングで鈴川の講義に感銘を受けていた。連絡先を葵に聞いて、思い切ってメールを送ったのだった。常務から難題が降ってきたこと、トレーニングで習ったスクライブだけではうまくいかなかったこと、葵と一緒に四苦八苦していること、何が足りないのか、どうすればいいのか、考え付かないこと――。苦境をつづったメールに葵の父が反応した。

「ここでは自由にしてくれて構わないからね」。そう言うと、父は表情を引き締めた。

「今日、なぜウチに来てもらったかというとね。片澤くんも、葵も、これまでは〝隠れファシリテーター〟という形でそっと会議を支援してきたよね。確認したり、書いたり。だが、隠れてできることにも限界がある。そろそろ矢面に立つファシリテーションが必要だ。自分で会議を招集し、進め方を考えて、前に出て場を仕切る必要がある」

葵も片澤も神妙な顔つきで聞いている。

「それには、一度、きちんとしたファシリテーターがいる会議を見てもらった方がいいと思ってね。よくファシリテートされた会議を見て、何が大事なのか、何が違うのか、実際に体感してもらいたいんだ。それには今日の会議が打ってつけのはずだ。よく見て、盗めるものは目一杯盗んでいってほしい」

「鈴川さん、無理な相談に乗っていただいてありがとうございます。しっかり勉強させてもらいます」。いつになく真面目なトーンで片澤が頭を下げる。

一方、葵は気恥ずかしそうにしている。普段は仕事場での父を見ることなどないし、同僚に父を紹介することもないのだから当然だ。だがモジモジしている余裕はない。盗めるものは盗まないと、コールセンター解体の危機なのだ。しかもタイムリミットは一週間後だ。

「葵、スクライブやってみるか？　絶対勉強になるぞ。普段やっているんだろう？」

そんな葵の気持ちを知ってか知らずか、父がイタズラっぽい顔をしながら言った。

「嫌よ絶対！　そんな能力ないし、そもそも、お手本を見せてもらいに来たんだから…」

半歩後ずさりしている葵をみて、父は返事代わりに肩をすくめると、「ほら、もう始まるぞ、そこの会議スペースだ」と二人を誘導した。会議スペースは執務エリアの一角にある。扉はなく、左右の壁は全面ホワイトボードになっているようだった。スクライブし放題だ。正面の壁にはスクリーンがあり、机の上にはプロジェクターが置かれている。一〇脚程度の椅子が置いてあり、既に三人の社員が座って談笑していた。

「あ、鈴川さん、例のお客さんですね？」

一人の女性社員がハツラツとした笑顔で声を掛けてきた。切れ長の目と、長い黒髪が印象的な和風美人といった感じの女性だ。

「今日ファシリテーターを務める矢口です。よろしくお願いします」

「こんにちは、鈴川の娘の葵です。こちらは、私の先輩で――」

「片澤です。よろしくお願いします」

矢口を含め、三人全員がコンサルタントで、普段はファシリテーションを活かしたコンサルティングをしているとのこと。自己紹介が済むと、父が今日の会議の背景を説明してくれた。

「会議の前に必要な前提情報を伝えておこう。いきなり会議を見ても何の話か分からないだろうからね。ウチの会社ではコンサルタント育成のために、毎月社内でトレーニングをやっているんだ。内容は様々で、ファシリテーション・トレーニングもあれば、資料作成のトレーニングもある。片澤くんがこの間参加したスクライブ・トレーニングの社内版もある。それぞれ得意な人が企画して運営しているんだよ」

「へー。面白そう。研修っていうと人事がやるものだと思っていたけど、得意な人が主体的にやるなんてすごい。うちの会社では考えられないなあ」。葵が感想を漏らす。

「そうだろう？　でも、一〇〇人以上いる社員がそれぞれ勝手にやり始めると収集がつかなくなる。だからその取りまとめをここにいる三人がやっているんだ」

父の言葉を矢口が引き取る。

「そうなんです。今日は、私たち運営チームの半年間の活動を振り返って、次の半年に向けて何をやるべきかを決める会議なの」

説明を聞いて片澤が腕を組んだ。「課題を洗い出して、施策を決めるんですね？　僕たちがこの間大失敗した課題解決型の会議だ」

「その通りです。課題解決の議論は本当に難しいの。うまくファシリテーションできなかったらごめんなさいね」。矢口は両手を合わせて微笑した。

「何言ってんの、プロなんだからビシッと頼むよ」。父が笑って矢口の肩を叩いた。

## 進め方の合意

「時間なので始めましょうか。片澤さんと葵さんは座って見ていてください。少しでも参考になるといいんだけど」

矢口は二人に椅子を勧めると、話を続けた。「今日は、トレーニング運営チームの活動振り返りと、次の半年に向けた〝やるべきこと〟の洗い出しですね。よろしくお願いします。今日の進め方ですが…」。矢口はそう言いながらホワイトボード——といっても壁だが——に〝終了条件〟、〝議題と進め方〟を書いていく。「こんな感じでどうでしょう?」

## 矢口さんのホワイトボード

### 終了条件

次の半年に向けた“やるべきこと“が明確になっている状態

### 議題と進め方

**1. 振り返り：20分**

半年を振り返り、良い点、悪い点を発表
事前に送ったメールを見ながら、補足をする

**2. 検討課題の絞り込み：10分**

討議したい悪い点を投票で絞る
3テーマ程度

**3. 改善策の討議：30分×3テーマ**

やるべきことを洗い出す

**4. まとめ：10分**

矢口のスクライブを見ながらコンサルタントの一人が口を開いた。

「おおむねいいんだけど、ちょっとだけ要望があるな」

「はい。なんでしょう？」

「討議する課題を三つに絞る、とあるけど、挙がった検討事項を見てから、テーマの数を決めたいな。場合によっては、一テーマをしっかり議論した方がいいかもしれないし」

「なるほど、確かにそうですね。他の方はどう思いますか？」

それでいいと思う、とパラパラと同意の声が上がっている。

「では、その進め方で行きましょう」。矢口がさっとホワイトボードを修正した。葵の前回の会議であれほど時間がかかった会議の進め方が、ここではあっという間に決まってしまった。

## 前年の振り返りと討議テーマ絞り込み

「では、最初に1の前年の振り返りですね。事前に振り返りメールを送ってもらっているので、まずそれを見てみましょう」

矢口はプロジェクターにノートパソコンをつないで、メモを映し出した。

「皆さんからのメールは重複する内容も多かったから一つにまとめておいたわ」

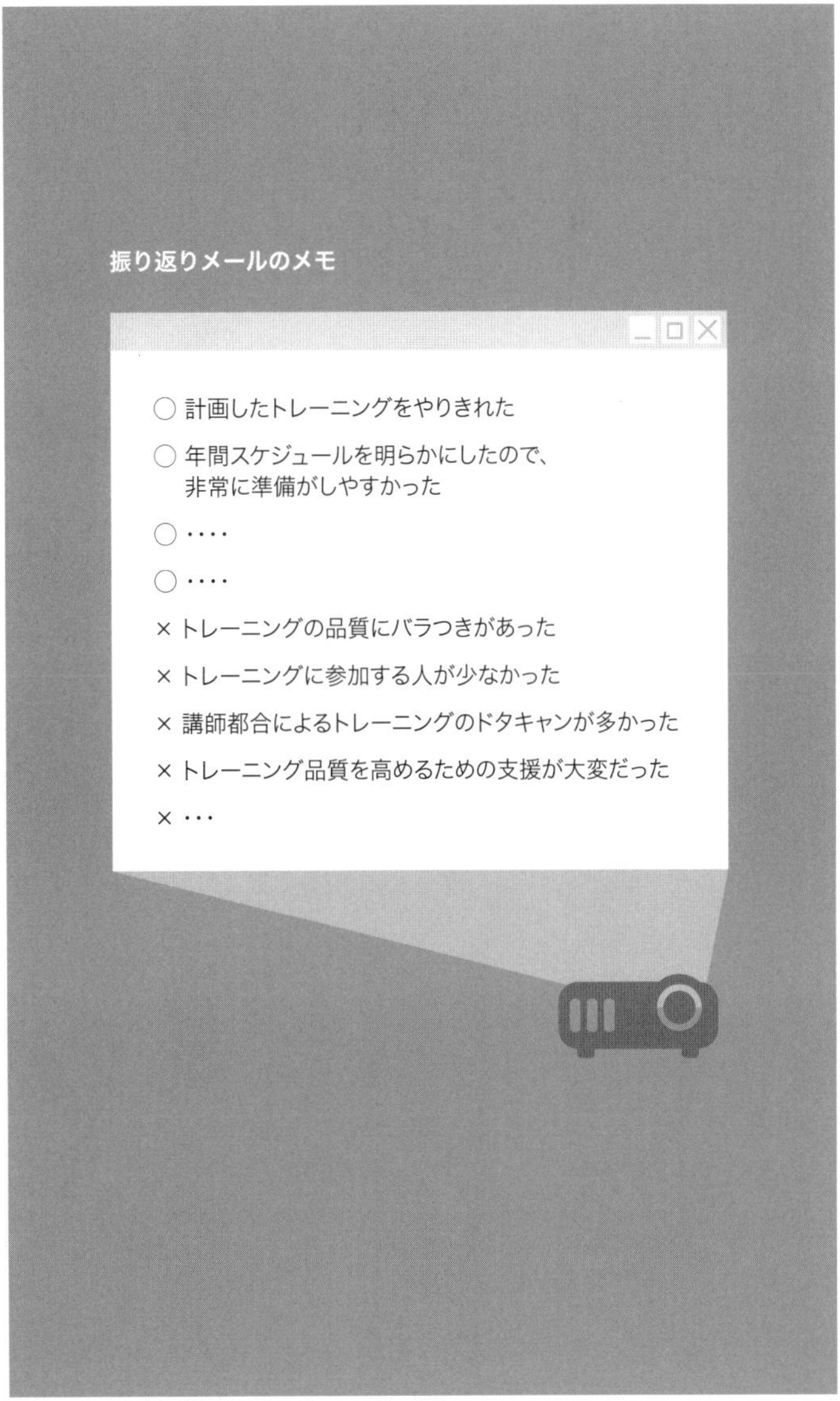
振り返りメールのメモ
○ 計画したトレーニングをやりきれた
○ 年間スケジュールを明らかにしたので、
非常に準備がしやすかった
○ ・・・・
○ ・・・・
× トレーニングの品質にバラつきがあった
× トレーニングに参加する人が少なかった
× 講師都合によるトレーニングのドタキャンが多かった
× トレーニング品質を高めるための支援が大変だった
× ・・・

「私が読み上げる意味もないので、少しだけ読む時間を取りますね。読んで分からないところがあれば質問してください」

矢口が言うと、数秒の沈黙の後、コンサルタントたちが質問を始めた。

「三番目は、どういう意味？」

「あ、それ書いたの私なんですが――」

「二番目の項目は、僕の感覚だとむしろ逆なんだけど…」

「え、そうなんですか？」

プロジェクターで映し出されたテキストデータを見ながら、質問したり、補足説明をしたりしていく。ファシリテーターの矢口は、自分も議論に参加しながらパソコンを操作し、テキストデータを書き直したり、新しい意見を書き加えたりしていった。

「『参加する人が少なかった』というのは僕も同感だな。参加者を指名して、強制参加にしたらいいと思うんだけど」

「でも、主体的に参加してもらわないと意味がないだろう？」

「それはそうかもしれませんが、指名すれば確実に参加者は増えるはずです」

「いやいや、数が増えればいいというものでもないだろう？」

議論の応酬が始まりかけた瞬間に、矢口が割って入った。

「あ、改善策の話に入っていませんか？　次の議題でやりますけど、今やりますか？」

「確かにそうだね。うーん、今はやめようか、良かった点、悪かった点を挙げきった方がいいね」

と一人が言うと、矢口はニッコリ笑った。

「そうですよね。挙げきっちゃいましょう。他はないですか？」

――数分後。

「良かった点、悪かった点はおおよそ出ましたね。では、次の議題に行きましょう。2の『検討課題の絞り込み』ですね」

「テーマはいくつに絞ろうか？」

「二テーマくらいでもいいかもね。さっき意見が分かれていたところを中心に、ちょっと時間をかけて議論しておきたいな」

「では、そうしましょうか、一人二票の投票制でいいですか？」

コンサルタントたちは思い思いにうなずいている。

「では、一つめの『トレーニングの品質にバラつきがあった』について議論したい人は挙手をお願いします…一名ですね。じゃあ次」

こうして、挙手による検討課題の絞り込みが進んだ。結果、『トレーニングに参加する人が少なかった』『講師都合によるトレーニングのドタキャンが多い』の二テーマに票が集中した。

「原因と対策の深掘り議論をしておきたいのは、この二つですね。これでいいですか？」

「うん、いいと思う」

「じゃあ、早速討議に入りましょう。議論の仕方ですが――」

**会議中の振り返り　その1**

「あ、ちょっと待ってくれ」

次の議題に入りかけた時、父が割って入った。「すごくスムーズなファシリテーションだと思うんだけど、ここまでを振り返っておきたいんだ」

父は片澤と葵の方に顔を向けた。

「会議の様子を見ていて、二人はどう思った？」

片澤はちょっと座り直して背筋を正した。

「ええっと。正直、スムーズ過ぎてびっくりしています。前回僕らがやった会議は、進め方すらぐちゃぐちゃになって決められませんでした。でも…」

いったん言いよどんだ後に言葉をつなげる。

「正直何が違うのか、よく分からなくて…」

片澤の疑問を父が受け止める。

「じゃあ、ファシリテーターの矢口さん。何に気を付けていたのか少し解説してくれないか？」

「えー、そんな大したことしてないんですけどね」。照れくさそうに矢口が説明した。

**【ポイント1　事前に終了状態と、プロセスを設計する】**

「一番気を付けたのは、スムーズに議論するためのプロセスを事前に考えておいたことですかね。今日は『まず全部意見を吐き出してもらってから、優先度の高い課題を選ぶ』というプロセスにしました」

うんうん、と父がうなずいた。

「プロセスは考えてくれたけど、押し付けてはいなかったね？」

「ええ。プロセスのたたき台は考えますけど、それが最適かどうかはみんなの意見を聞かないといけませんから」。実際、矢口が考えて来た進め方は少しだけ修正されていた。

片澤がうなった。

「なるほど、**僕らの会議ではまず進め方をみんなで議論している感じ**です。それに時間がかかる。しかも時間がかかる割には、なんだかイマイチな進め方になってしまったりして…」

矢口はニッコリ笑った。「進め方を議論すること自体は悪くないんですが、場当たり的にその場で進め方を考えるより、誰かが考えてから会議を始めた方が、ずっとスムーズにいきますね」

## 【ポイント2　発散―収束のプロセスを踏む】

「会議のプロセスを設計するには、ちょっとしたコツもあるんです。例えば、〝意見を発散させきってから次の議論にいく〟とか」

「発散させきるってどういうことですか？」

葵の質問に父が答えた。

「一つの論点について、考えていることを全部出してから次の議論に行く、ということだ」

父は立ち上がってホワイトボードの一角に菱型の絵を書き始めた。

「きちんと発散する、そして収束させる。僕らは『バージェンスモデル』と呼んでいて、とても大事にしている。今回のケースでは、悪かった点をまず出しきることに注力していただろう？**悪かった点を出しきらないうちに施策の議論に入ると、重要じゃない議論に時間を使ってしまったり、論点が行ったり来たりして、とっ散らかった議論になる**んだ。言い換えると、出しきるまでは次の議論に入ってはならないということだ。」

矢口が説明を追加する。「出しきってから次の議論に移る。当たり前のように感じるかもしれ

**バージェンスモデル**

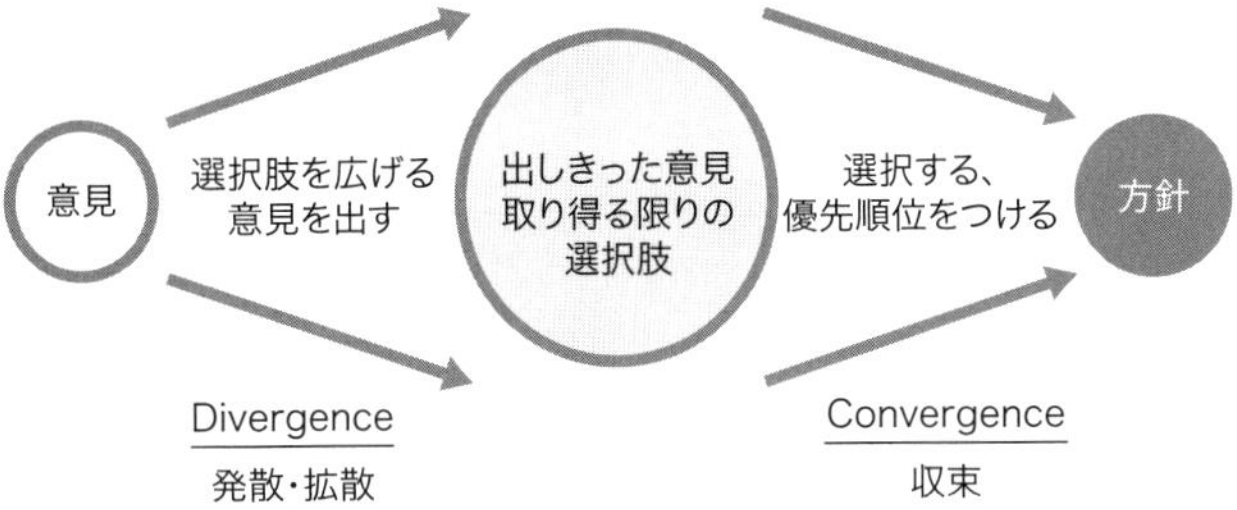

意見
選択肢を広げる
意見を出す
出しきった意見
取り得る限りの
選択肢
選択する、
優先順位をつける
方針
Divergence
発散・拡散
Convergence
収束

ないけど、私たちの会議でもなかなか徹底するのは難しいのよ。**課題らしきものが挙がったら、そのまま改善施策の議論を始めてしまうことがほとんどよ。**今日も、途中でそうなりかけたけどね」

一人のコンサルタントに目配せしてみせると、相手が頭をかいた。

「すみません。バージェンスモデルは当然分かっているんですが、それでも早く議論したくなっちゃって。こういう時、矢口さんみたいにファシってくれると、とても助かるよ」

「あら、お褒めの言葉、ありがとうございます」。矢口はうれしそうに礼を言った。

挙がったものから議論を始めるとキリがないし、時間がいくらあっても足りない。一度課題を出しきって、優先度の高いものから議論した方がずっと効率的に進められるということだ。

葵はただただ納得していた。水口課長の定例会議で思い当たる節が山ほどあったからだ。

**【ポイント3　集まって議論すべきこと、そうではないものを切り分ける】**

「矢口さん、他にも気にかけていたことある?」と父が水を向けると、「そうですね、後は…」と、矢口はちょっと上を見て考える仕草をした。

「〝**集まって議論すべきことと、そうではないこと**〟**をかなり意識して切り分けて**いますね。今回は、前年度の研修の振り返りを考えたり、発表したりするのは全員でやる必要がないと判断して、事前に振り返りメールを送ってもらいました」

片澤は矢口の話を聞いて即座に質問した。

「じゃあ具体的には、どういうものが集まって議論すべきことになるんですか？」

「例えば〝結論を出す〟とか〝選択肢から一つを選ぶ〟というのは全員でやった方がいいと思うんです。なぜなら合意形成が必要だから。一方で〝選択肢を挙げる〟、〝結論を出すために必要な情報をそろえる〟といったことは全員でやる必要はないと思っています。集まってやる方がいいことって、実はそんなに多くないんじゃないかしら」

「確かに、全く無駄がない感じでした」

そこまで考えてプロセスを組み立てていたとは、葵には思いもよらなかった。そして、自分たちがどれだけ適当に会議をしていたのかも…。

「ふふふ。ダラダラした会議なんて嫌だものね」

「矢口さんのファシリテーションは、ウチの会社のなかでも特に切れ味鋭いって評判なんだよ。これだけ美人だし、実は社内外問わず、男性ファンも多いんだ」

父が片澤にだけ聞こえる声でつぶやいた。

「え？　なんですか？　会議中のコソコソ話は厳禁ですよ」。矢口が笑顔をこちらに向ける。

「あ、いやいや、なんでもない…さて、そんなところかな？　他に気になることはあるかい？」

「あの…」。片澤が手を挙げた。

「メールをプロジェクターで映すって斬新だと思いました。いつもやっているんですか？」

全員がプロジェクターを見て議論するので、スクライブと同じ効果がありそうだ。

「ウチではかなりやりますね。**ノートパソコンとプロジェクターがある環境なら、うまく使うと効率がグッと上がる**からお薦めですよ。直接編集できて、データとして残るのも助かるわ。なにより
スクライブみたいに全員が同じものを見て議論できるのがいいんです」

なるほど。片澤が納得したようにつぶやく。

「矢口さんありがとう。さすがだね」。父がにっこりすると、矢口も照れくさそうに笑った。

「何だか採点されているみたいですねぇ」

## 課題と原因の確認

振り返りが終わると、再び課題解決会議に戻った。これまでの討議で、検討したいテーマが
二つに絞られた。次の議題は改善策の検討である。

「一つめのテーマからやりましょうか」。矢口は、ホワイトボードに議題を書いた。

『「トレーニングに参加する人が少ない」を解消するための施策を挙げましょう」

スクライブされた議題を見て、コンサルタントたちが意見を出し始めた。

「そうだな、事前にしっかり予告するのは大事だろうね」

「トレーニングへの参加を強制にすれば手っ取り早いよ」

「学ぶ意欲が少ない人を集めても意味ないと思うけど?」

「っていうか、なぜ人を集める必要があるんだっけ?　いいじゃないか、少人数でも」

「えー?　多くの人が受けた方がいいに決まってるじゃない――」

「ちょっと待ってください、書ききれないわ」。矢口が一度議論を止めた。「えーっと、『意欲がない人を集めてもダメでは?』の次に挙がったのは『人を集める必要があるのか?』ですかね?」矢口は発言を確認しながら、問をホワイトボードに書き足した。

## 議題

“トレーニングに参加する人が少ない”を解消するための施策を挙げる

### 1.事前にしっかり予告する

### 2.トレーニングへの参加を強制に

(問) 意欲がない人を集めてもダメ？

(問) 人を集める必要があるのか？

## 具体的に何に困っているのか？

スクライブを終えた矢口は、それを眺めて口を開いた。

「こうやって見ると、そもそも課題の捉え方が合っていないようにも思えますね。〝人を集める必要があるのか？〟なんて質問が出ているくらいですからね。そこから議論しませんか。問にすると『参加者が少ないと具体的にどんな問題があるのか？』ですかね？」

ホワイトボードには新たな問が書き足されている。

「そうかもしれないな。じゃあ、これについてまず僕の考えを話そう」と一人のコンサルタントが口火を切った。

「本当はトレーニングを受けるべき人たちが、全然受けていないんだ。特に若手コンサルタントはいろんなトレーニングに出て、基礎能力を底上げしてほしいんだけど、全然そうなっていない」

この言葉を聞いて、別のコンサルタントが話す。

「なるほどそういう考え方か。私はむしろ、講師側のモチベーションが下がってしまうのが問題だと思う。せっかく手間暇を掛けてトレーニングを企画しても、参加者が集まらないんじゃ、やる気がなくなるよ」

（なるほど…。参加者が少ない、という事象は同じだが、何を問題とするかは人によって捉え

## 議題

“トレーニングに参加する人が少ない”を解消するための施策を挙げる

### 1.事前にしっかり予告する

### 2.トレーニングへの参加を強制に

(問) 意欲がない人を集めてもダメ?

(問) 人を集める必要があるのか?

(問) 参加者が少ないと具体的にどんな問題があるのか?

a)受けるべき若手が受けていない、能力底上げ難

b)講師のモチベーション↓

(問)・本当?

・参加者ゼロは過去にない

・講師から話を聞かない

(結)・影響なし

方が違っているんだな。二つの側面の見方が出てきている）と片澤は感じた。

ここで、別のコンサルタントが疑問を投げた。

「うーん。それ、本当？　参加者が少ないからモチベーション下がっちゃっている人って、実際にいるのかな？」

「そう言われると…。特に誰かから聞いたわけじゃなくて、僕が想像しているだけではあるんだけど」

「過去にも、参加希望者がゼロだったトレーニングはなかったはずだし、講師からモチベーションの問題も聞いたことはないよ。だから講師のモチベーションは、そんなに気にしなくていいと思うんだけどなぁ」

「…なるほど、そうかもしれないね」

すかさず矢口がホワイトボードに結論をまとめた。

「では、参加者が少ないことによる問題は『受けるべき人がトレーニングを受けないので、コンサルタントの能力を底上げできない』と考えてよいでしょうか？」

「そうだ」とうなずく人が多く、意見がまとまりかけたその時。

「鈴川さんはどう思います？」

矢口がこれまでずっと意見を言っていなかった父に声を掛けた。

## 議題

“トレーニングに参加する人が少ない”を解消するための施策を挙げる

### 1.事前にしっかり予告する

### 2.トレーニングへの参加を強制に

(問) 意欲がない人を集めてもダメ?

(問) 人を集める必要があるのか?
多い方がイイに決まっている

(問) 参加者が少ないと具体的にどんな問題があるのか?

a)受けるべき若手が受けていない、能力底上げ難

b)講師のモチベーション↓

(問)・本当?
・参加者ゼロは過去にない
・講師から話を聞かない

(結)・影響なし

c)盛り上がらない
・人いると品質上がる、質疑、経験談

(結) a,cが人集まらない弊害

「あ、いや、うーん…」。父は少し考えてから口を開いた。

「ちょっとうまく言えないんだけど、なんていうか…人が少ないとトレーニングがあまり盛り上がらないような感じがしないかな？　自分の経験からしても、盛り上がったトレーニングは受講者の満足度が高い気がするんだよ」

「ああ、そうか！」。別のコンサルタントが後を受けて話し始めた。

「参加者が多いと、トレーニング自体の品質が上がる傾向にあるかもしれませんね。質疑が活発になったり、参加者が自分たちの考えや知見を披露したりして、内容にグッと厚みがでることがよくあります」

「なるほど、確かにその効果はあるかもね」

「こう考えると、トレーニングに多くの人が参加することにはいろんなメリットがありそうな気がしますね。コンサルタントの能力底上げという観点でも、トレーニング自体の品質向上の観点でも…」

矢口は話しながらホワイトボードに結論を書き込んだ。

## なぜそれが発生するのか

「さて、課題の捉え方が合いましたね。改善策の話に戻る前に、参加者が少ない原因もざっと確認しておきませんか？」。矢口が進め方を提案する。

「考えるべき問は、『なぜ参加者が少ないのか？』ですかね？」。矢口はしゃべりながらホワイトボードに書いていく。事もなげにやっているが、実は難しいことであるのを葵は知っていた。かなり訓練しているに違いない。

「なぜかって言われると…、そうだな。そもそもトレーニングをやっていることを知らないんじゃないか」

「メールで事前連絡しているけど、興味を引くような告知ができていないのかもね」

「仕事が忙しくて、トレーニングに参加しづらいってのもあるはずだよ」

「トレーニングそのものが面白くない、興味がないってのは？」

矢口が自身のスクライブを見ながら首をひねった。

「挙がっているものを見ていると〝そもそも知らない〟〝知っているけど興味がない〟〝興味があるけど行けない〟の三段階くらいの分類になりそうじゃないですか？」

「おっ、いい分類するねぇ」

## トレーニング参加者が少ない原因のブレーンストーミング

**そもそも知らない**

①やっていることを知らない

②xxx

**知っているけど興味がない**

③興味を引くような告知ができていない

④トレーニングそのものが面白くない

⑤xxx

**興味があるけど行けない**

⑥業務が忙しくて、トレーニングに参加しづらい

⑦xxx

**参加してくれるようになる!**

「ふふっ、ファシリテーターですからね」。矢口はスクライブした案を、三つに分類し直した。

「そうだね。この三つを乗り越えるとトレーニングに参加してくれるようになるのかもね」

「この分類で考えると、他にありそうですか？」


――その他に幾つか原因が挙がり、意見が出尽くしてきた。


その状況を見計らって、矢口が口を開く。「大体出てきましたね。このなかで最も大きな原因になっていそうなものはどれでしょうか？」

「やっぱり、①と③、それに⑥かな？」

他のコンサルタントたちもうなずいている。

「では、この辺を頭にいれながら、ざっと施策を出して見ましょうか？」

## 会議中の振り返り　その2

「ちょっと聞いてもいいですか？」。片澤が手を上げた。

「正直、流れが速くて、話についていくのがやっとなんです。整理も兼ねて、幾つか聞いてもいいですか？」

相変わらず、片澤はこういうときに臆せずに自分の意見を言える。

「はい。もちろん」。矢口が答えた。この人も相変わらず笑顔を絶やさない。

「これまでの流れとしては…前年の振り返りをして、良かった点、悪かった点を洗い出しましたよね。そのうえで、ダメだった点のうち、最も重要なものを二つに絞った」

「はい。そうですね」

「次の議題は解決策の検討でしたが、すぐに解決策の話をするのかと思いきや、また課題や原因の話をしていて、議論が戻っている気がしたんですが…」

「〝気がしたんですが…〟？」。矢口が続きを促した。

「ああ…、気がしたんですが、逆に議論がかみ合っている感じもして、不思議な感覚に陥っています。何を意図してそうしたのか、教えてもらえませんか？」

「なるほど。素晴らしい観点で見ていますね」

**【ポイント４　課題解決の五階層を意識する】**

「私の場合、課題解決のような議論をファシリテーションする時に、〝課題解決の五階層〟を意識しています」。矢口はこう言いながら、またしてもホワイトボードにサラサラっと書いていく。

## 課題解決の5つの階層

下から合わせる
5 効果 どの施策が効果が大きいのか？
4 施策 どんな解決策があるのか？
3 原因 なぜそれが発生するのか？
2 問題 具体的にどう困るのか？
1 事象 何が起こっているのか？

「この五階層のうち、今はどこについて話しているのかを注意深く観察していますね。**下の階層で意見が一致していないと、上の階層では絶対に意見が合わない**んです。今回のケースは、片澤さんの言う通り、最初から階層４をやろうと思いましたが、途中で階層２の話が出てきて、階層４の話と、階層２の話が錯綜していました。階層４について話したい人と、階層２がしっくりきていなかった人が混在していたわけです」

「課題解決の五階層か…これ、使える気がする」

矢口が書いたホワイトボードを自分のノートにメモる片澤を見て、「ちょっといいかな？」と父が手を挙げた。

「もう少し補足すると、**課題解決の議論をする時に、議論がゴチャゴチャしたり混沌とするのは、八割方この階層がズレていることが原因**なんだよ。階層がズレていると、何時間議論しても全然かみ合わない。階層が違うんだからかみ合うわけがないんだ」

「ちょっと、鈴川さん、いいところ持っていかないでくださいよ」。矢口が腕組みして笑っている。

「すまんすまん。僕もしゃべりたくて」

「片澤さんが、〝議論がかみ合っている〟っておっしゃっていたけど、まさにその通りで、一見遠回りなように見えても、階層２の認識合わせまで立ち返って議論をかみ合わせた方が、結果的に結論が出るまでの速度も納得度も上がるんです。ファシリテーターにはそういう動きが求められると思っています」

「なるほど。よく分かりました。お二人ともすごいな――」

――三人の話を聞いていて、葵はちょっとしたショックを受けていた。議論の内容は分かっているつもりでいたが、片澤のような視点で捉えてはいなかった。

片澤は議論がどんな風に流れていて、ファシリテーターが流れをどうコントロールしているのかをつぶさに観察していた。だからこそ、あのような質問ができたのだ。

そして矢口もすごい。何気なくやっているように見えるファシリテーションだったが、裏にそれだけの理論があったとは。顧客サービス課でも同じような会議をたくさんするが、もっといい加減に会議が進んでいく。意識一つでこれだけの差になるのか…。

それに、片澤が質問をしたことで、課題解決の五階層の話が聞けた。もし彼が質問していなかったら、この話は聞けなかったのではないだろうか?

そう思うと、感じたことや疑問を素直にぶつけることは大事なのかもしれない…。私が意見を言えないのは何でだろう? みんなの時間を使ってしまうことに遠慮しているからなのか?

と、葵が頭の中でグルグルと考えていると、一つの疑問が浮かんできた。

## 【ポイント5　話していない人に振る】

（どうしよう…聞いてもいいのかな…）。葵はちらりと片澤の顔を見た。（片澤さん質問しないかな…）。片澤はさっきの話をメモするのに意識を集中しているようだった。しかし、矢口はもじもじしている葵を見逃さなかった。

「葵さん、何か聞きたいことがある？」

「え？　あ、あります」。葵は、いきなり話を振られて少し戸惑ったが、頭に浮かんでいた疑問を話してみた。

「あの、議論がまとまりかけている時に、それまで黙っていた父に話を振っていましたよね…。あれってどうなんですか？」

矢口はすぐには答えず、葵に質問を返した。

「〝どうなんですか？〟だと何を答えていいか分からないわ。もう少し具体的に言うと？」

「えーっと、アレって、むしろ時間がかかってしまって無駄なんじゃないですか？　せっかく結論が出そうだったのに」。葵は話しながら考えをまとめて口に出してみた。

「私は無駄だと思っていません。むしろ大事なことじゃないかしら。黙っている人にも色々なタイプがあって、大体五つに分類されるんです」。ホワイトボードに書いていく。

## 黙っている人の5分類

a. 議論についていけない

b. 何かモヤモヤした思いがあるが、まとまっていない

c. 何か言いたいことがあるが遠慮している

d. 他の人の意見と同じなのでわざわざ話さなくてもいい

e. 議論に興味がない

父といい矢口といい、ホワイトボードに書くのが自然な動きとして定着しているのがよく分かる。単に文字を書いているだけなのだが、書くとやっぱり分かりやすい。

「今回のケースは結果的にｂでしたね。鈴川さんに話してもらえたから、新たな視点が得られたわけですよね。仮に新しい視点が得られなかったとしても、ａ、ｂ、ｃの状態のような人がいたら、会議の結論に納得できるかしら？」

「俺だったらモヤモヤが残ります」。片澤が答える。

矢口は片澤に向き直り、にこりと微笑んだ。

「そうですよね。そんな状態で結論を出しても、**後から物言いが付いたりするものなんです。だから、発言していない人はきちんとケアする**」

確かにそうかもしれない。よく考えてみると、顧客サービス課の会議では、黙っている人が大半で、ごく一部の人がしゃべっていることがほとんどだ。黙っている人もきっと言いたいことがあるのだろうけど。

矢口は解説を続けた。

「仮に、ｄの状態だったとしたら、話を振っても短時間で済みます。ｅの状態は、そもそもその人を会議の場に呼んだこと自体が間違っている可能性もあるの。いずれにしても、話を振るだけでいいし、結果として有益な情報が得られることが多いわ」

「またちょっと補足してもいいかな？」。父がいたずらっぽく矢口を見た。

「どんな状態であれ、黙っている人にしゃべってもらえないと、会議に納得感は生まれない。マシンガントークをする人がいると、その人ばかりが発言することになってしまう。口数少ない参加者に対して、発言の場を作ってあげる必要があるってわけだ。今、矢口さんが話を振ってくれなかったら、葵もモヤモヤが残ったんじゃないかな？」

悔しいが父の言う通りだ。葵はなんだか急に恥ずかしくなってきた。ずいぶん積極的になったと思っていたが、まだまだだった。

臆してばかりいては何も変えられない。何も学べない。片澤、矢口の振る舞いを見て心底感じた。

**【ポイント6　質問、意見、懸念が明らかになるよう言いきらせる】**

「矢口さん、もう一つだけ、しゃべってもいいかな？」。父が矢口に発言の許可を求めた。

「はい。鈴川さん、どうぞ」

「矢口さんはずっと**言いきらせる工夫をしていた**んだが、分かったかな？　葵も片澤くんも語尾をハッキリ言うようにファシリテーターに誘導されていたね？」

葵と片澤はそろってうなずいた。

「会議をよく観察してみると、発言の語尾があやふやで、言いきっていない発言が本当に多いことに気づく。日本語は文脈に重きを置くから、多少あやふやでも伝わってしまうんだよな。しかし会議では言いきってもらわないと何が言いたいのか分からない。質問なのか、単なる意見なのか、改善の要望なのか分からなくなってしまうんだ。

例えば、〝長時間議論していて会議室の空気がさぁ…〟で発言が終わるケース。これだと、

・――空気がさぁ…、よどんできたと思う（意見）
・――空気がさぁ…、悪くなるのは何でだろう？（質問）
・――空気がさぁ…、悪いから入れ替えよう（提案）
・――空気がさぁ…、悪いからいい議論ができないと思う（懸念）

一体どれなのか？　さっぱり分からない。

僕ら日本人は、場の雰囲気と流れで予測を立てて聞いているんだけど、あくまでも予測であって間違っていることも多い。ここがズレたら、そりゃ議論がかみ合うわけがない。だから、ファシリテーターは最後まで言いきらせるように誘導しているんだよ」

片澤がうなった。ここに来てからうなりっぱなしだ。

「会議をかみ合わせるって奥が深いんですね」

父がうれしそうに答えた。

「そうだね。目に見えないものだしね。でも、コツさえ知っていれば、どうということはない。あとは場数、慣れだよ」

## ランチ休憩

なんて濃い会議なんだろう。あっという間に時間が過ぎていく。気付けば正午に近かった。

「おっと、もうお昼じゃないか。解説に随分時間を使ってしまったね。ここらでランチ休憩にしないかい？　再開は一時間後にしよう」

父の提案で、会議は一時中断。一時間の休憩を挟むことになり、鈴川親子、片澤、矢口の四人は一緒にランチに出ることになった。一行はエレベーターを降りてビルの外に出る。

「うーん。いい天気ですね。気持ちいい」。矢口が大きく背伸びをした。

「さて、どこに行こうか？　天気もいいし…、オープンテラスの無国籍料理屋なんてどう？」

「ランチミーティングによく使う、いつものお店ですよね？　そこにしましょう」

会社から徒歩三～四分の大きなテラスがあるお店で、天気が良いのでテラス席がとても気持ちょかった。忙しいコンサルタントたちは、ここでランチを取りながら、ちょっとした打ち合わせまでやってしまうのだという。

「ところで、二人はどういう関係なの？」。店に向かう道中、矢口がストレートに聞いてきた。

「え？　そうですね…」。葵は一瞬、言いよどんだ。（こんな時、なんて答えればいいの…？）

「いやー、ただの同僚ですよ。彼女は入社二年目、僕は七年目で、彼女の指導係のような立場なんです」。片澤はさらりと答える。

「えー？　てっきり彼氏なのかと思ったわ。仲良さそうだし」

「やだな、違いますよー！」と葵も慌てて答えた。父がいる手間、どう答えるべきなのか困っていた。父は三人のやり取りをニコニコして聞いているだけで、何も言わない。

「矢口さんはどうなんですか？　彼氏いるんですよね？」

「いるわよ。来月結婚する予定なの」

「なんだー、そうなんだー」。残念そうにしてみせる片澤。（なんか、腹が立つ…）。葵はちょっとイラッとする。

「旦那さんはどんな感じの方なんですか？」

「ふふ、実は同僚なの。コンサルタントよ」

そうこうしているうちに、一行はテラス席の一角に収まっていた。

テラスには気持ちいい風が吹き抜けて行く。この季節には最高だ。注文を済ませると、父はノートを取り出した。

「まだ、会議は途中だけど、ファシリテーションのエッセンスはかなり伝えられた気がしている。これまでのところ、どうだい？　収穫はあったかい？」

「ええ、ものすごくありました。鈴川さんに相談してよかった」。片澤はしみじみ言った。

「私もそう思う。例えば、課題解決の五階層とか、黙っている人に話を振るとか、うちの会議でも今すぐに生かせるテクニックだったわ」

「そうだよね。個人的に驚いたのは、ファシリテーターが進め方をどんどん提案しているってことですね」

片澤は本当によく見ている。父が感心して解説を付け加えた。

「ファシリテーターが〝どうしましょう？〟と言ってるばかりじゃ先に進まない。だから進め方を提案して、参加者に確認するんだ。会議が促進されるように、タイミングよくいい提案ができるのが優れたファシリテーターの条件になる。会議が促進されれゴールが達成できるなら、手段は選ばないってわけだ」

「手段は選ばないけど、感じ良くやらないとダメですよ。参加者に嫌われたらうまくいくわけないですから」。矢口がニコニコして補足する。

「まぁそうだね。その辺矢口さんはうまいから。この笑顔にお客さんがみんなだまされるんだよ」

「もうー、鈴川さん、言い方気を付けてくださいよ。人聞きが悪いじゃないですかっ。でも、笑顔で感じ良く振る舞うのもファシリテーターとしては大事よ」

「さて、矢口さんがファシリテーターとしてやっていたことはたくさんあったね」

片澤と葵の顔を交互に確認してから、父はノートに四つの箱を書いた。

「色々なスキルが出てきたのでここで全体像を整理しておこう。まず会議は四つのフェーズに分けられる。〝準備〟、〝導入〟、〝進行〟、〝まとめ〟の四フェーズだ」

葵と片澤がノートをのぞき込む。

「〝準備〟は、文字通り、事前に会議の準備をするフェーズだ。会議室の手配や、資料の準備、参加者への事前連絡などを思い浮かべるが、これからの要素はごく一部にすぎない。事前準備の質が会議の質を決めると言っても過言でないくらい、準備は大切なのだが、会議の進め方を考えるような本質的な準備はほとんど実施されていないのが現状だ」

父はノートを指差すと続けた。

「〝導入〟の狙いは、参加者を議論のスタート地点に着かせることだ。いきなり議論に入る会議をよく見るが、導入がおろそかになると、参加者が迷子になる。〝終了条件の確認〟と〝時間配分の確認〟はもう分かっているよね」と言いながらノートに書き込みを加える。

「次は〝進行〟だ。進行の狙いは、議論をスムーズに促進し、会議のゴールを達成することだ。参加者が好き勝手に発言していると、議論が混沌としてくる。こうなると交通整理が必要だね。ここでスクライブをするといいと教えたわけだ。最後は〝まとめ〟。まとめの狙いは、これまでの議論をムダにしないこと。おなじみの〝決まったこと、やるべきこと確認〟だね」

片澤はまたもや大きくうなずいている。「なるほど。そう考えると今日矢口さんが解説してくれた六つのポイントは、ほとんどが〝進行〟に該当しますね」

矢口がニッコリして父の代わりに答えた。「そうですね。〝導入〟と〝まとめ〟をしっかりやるだけで会議はずっと良くなりますよね。隠れファシリテーターに慣れてきたら、次のステップ、前に出るファシリテーターとして会議の場を仕切る必要があります」

「うん。でも葵はまだその度胸はないかもしれないがね。矢口さんがやっていたことを改めて整理してみようか。」と父はノートに箇条書きを追加していった。四つのフェーズそれぞれで、やるべきことが整理されていく。「本当はここに書き切れないくらいたくさんのスキルを総動員して、ファシリテーションしているんだが、今はこのくらい覚えておけば十分だろう」。父はペ

# 〈会議の4つのフェーズとファシリテータのスキル〉

| 会議の4つのフェーズ | 隠れファシリテーターのスキル（「確認する&書く」が中心） | 隠れないファシリテーターのスキル（矢口さんがやっていたこと） |
|---|---|---|
| 準備 | | **事前に準備する**<br>●終了条件とプロセスの設計<br>●押し付けずに合意を取る |
| ↓<br>導入 | **終了条件を確認する**<br>●どういう状態になったら会議終了か<br><br>**時間配分を確認する**<br>●時間内に収める意識を最大化する | |
| ↓<br>進行 | **スクライブする**<br>●意見<br>●論点<br>●決定事項<br>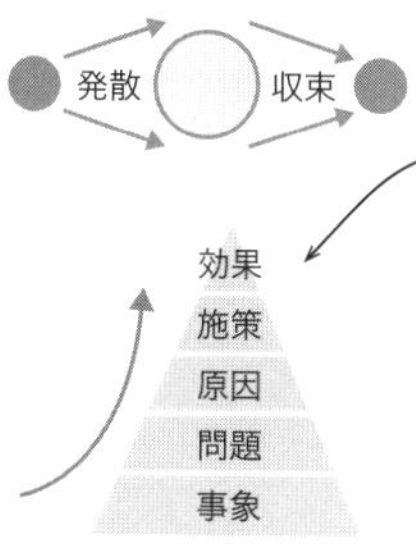 | **発散収束のプロセスを踏む**<br>●出しきってから次の議論へ<br><br>**集まって議論すべきことに集中**<br>●個人ワークは個人で<br><br>**課題解決の5階層を意識する**<br>●下層から合わせる<br><br>**話してない人に振る**<br>●納得感を作るため<br>●モヤモヤを残さないため<br><br>**最後まで言いきらせる**<br>●勝手な予測をしない<br>＋感じ良く笑顔で振る舞う |
| ↓<br>まとめ | **決まったこと、やるべきことを確認する**<br>●参加者の認識合わせ<br>●担当者、期限を明確に | |

ンをおいて水を一口飲むと続けた。

「場が成り立っているか、意見がちゃんと出ているかをファシリテーターは常に観察する。問題があれば働きかける。議論と合意の状況を見てスクライブで可視化していく。見えるようにしないと議論が空中戦になるからね。論点をコントロールする必要もあるし、〝決まったこと〟や、時には〝決まっていないこと〟を確認することもある。状況に応じていろんなことをするわけだが、ここに書いたことをまず着実にやるだけで、十分いいファシリテーターになれるだろう」

葵は「決まったこと確認」を始めた時のことを思い出していた。簡単なことだったが、効果は確かにあった。簡単だけど、始めるのにはかなり勇気が必要だった。まずは、着実にできることからやる、ということなのだろう。

「それにしても、矢口さんはどのくらいで、こんなにファシリテーションできるようになったんですか？　最初からできたんですか？」。葵は素直に聞いてみた。

矢口は食事の手を止めて答えてくれた。

「えーっとね。二六歳の時にこの会社に転職してきて丸二年になるかな？　この会社で初めてファシリテーションを知ったの。最初はもちろん苦労したわよ。でも慣れが大きいかな。コツさえつかめれば、特別な才能が必要なわけじゃないと思うの」

「私には矢口さんが特別な才能を持っているように見えますけど…」

「私も以前は、**会議をうまく仕切る人って、持って生まれた素質とか特性でそれができるんだと思ってたの。でもそうじゃなかった。きちんと方法論と技術を学べば誰でもできる**」

片澤は、二人のやり取りを聞いてがくぜんとしていた。

（二年でこのレベルになれるのか？ てゆーか彼女、年下かよ…くそ…俺全然ダメだな…）

「矢口さんでも最初は難しかったんですねぇ。あの…、新しいことにチャレンジしたり、自分の意見をバシッと言ったりすることに抵抗はなかったんですか？」

「もちろん最初の頃はあったわよ。でも今はないかな。ちゃんと〝意見を言う〟、〝チャレンジする〟ってことから全てが始まるんだって感じるようになったの。ファシリテーションを学んでからだけど」

矢口はちょっと一息いれて、話を続けた。

「例えばね、会議で全く発言しない人より、たとえ的外れだったとしても何か発言する人の方が、ずっとファシリテーションしやすいの。不満を口に出さないと改善できない、意見を言わないと変化は起こせない、チャレンジしないと何も身に付かない。もうちょっと言うと、〝もんもんとしているくらいなら行動した方がずっとまし〟とも言えるかも。一歩踏み出すのは一瞬勇気がいるかもしれない。でも、踏み出さないってことは、一生我慢するってことだと思うの」

葵は言葉を失った。これまで父に背中を押されて、片澤に励まされて、少しずつ行動を起こしてきたけれど、自分の強い意志で踏み出してはいなかった。このままでいいのだろうか？

## 施策出しと絞り込み

一行は気持ちのよいランチを終えて、会議スペースに戻ってきた。

「じゃあ、後半戦ですね。施策出しと絞り込みに入りましょう。まず午前中の議論を振り返っておきましょうか？」。矢口はそう言って、自然とホワイトボードの前に立つ。

**こういう時にホワイトボードは非常に便利だ。書いてあることを上から見ていけばそれで振り返りができる。**しかも臨場感がある。

「ここで、こういう議論になって、コレとコレが決まって　原因の認識合わせまで終わった状態でしたね。午後は施策を出して絞り込みをしましょう――。あら？　葵さん？　どうぞ」

葵が手を挙げていたのだ。

「あ、あの、私にファシリテーションやらせてもらえませんか？」

ちょっと声が震えている。

「え？」。矢口はちょっと困惑した顔になった。

「あ、葵ちゃん、それはちょっと迷惑になるんじゃ…」。片澤も心配そうな顔をしている。

「ご迷惑じゃなければ、やらせてほしいんです」。声は震えているが、葵はまっすぐに矢口を見ていた。

「いえ、大丈夫ですよ。いい経験になると思うわ。皆さんは葵さんに任せていいかしら？」

「もちろんいいですよ」

「ナイスチャレンジ！」とコンサルタントたちが口々に言ってくれた。父もニコニコしている。

「それではファシリテーター葵さん、よろしくね」

矢口が優しくホワイトボードのペンを渡した。

（あぁ、本当にドキドキする、なぜこんなことを言い出してしまったのか…なんかもう、夢中で。気付いたらやるって言ってて…。でも、もうやるしかないわ！）

「もんもんとするくらいなら行動した方がいい」っていう矢口さんの言葉が頭に残ってて。

葵は覚悟を決めて前を見た。

「よろしくお願いします。まずは、進め方から確認したいと思います。施策の案をざっと出して、その後優先順位を付ける形でいいですか？」

「そうしよう。案出しは一五分くらいでいいかな？」

「ブレストはどうする？　付箋に書き出そうか？」

「いや、そんなに数も出ないだろうし、せっかくだから葵ちゃんにスクライブしてもらおうよ」

「そうだね。優先順位はどうやって付けようか？」

「効果とコストを考えてやった方がいいと思うものを推薦して、合議制で決めよう」

葵は、ざっくりした進め方しか提示しなかったが、さすがファシリテーションを知り尽くしたコンサルタントたちだ。勝手に進め方を具体化していく。

「葵さん、決まったこと、書いてもらえる？」。矢口が促した。

慌ててホワイトボードにペンを走らせる。


「ではこの進め方でいいですね？　早速、施策出しをしましょう」

**全員がファシリテーションを身に付けていると、グッと議論が楽になる。**あらゆる角度からサポートしてくれてどんどん進んでいく。**まるで全員で会議を作っているようだ。**

「じゃあ、施策案を出してみようよ。例えば、〝魅力的な事前告知を運営チームが行う〟とか」

「〝三カ月先までのトレーニング日程をデカデカと貼り出す〟っていうのはどうだろう？」

「それは案外いいかも知れないね。メールで告知されても忘れちゃうからね」

「〝トレーニングへの参加を必須にする〟ってのもありだね」

葵は必死に議論をスクライブしていく。

## 施策の案を出す（15分）

ブレーンストーミングで案を出し、スクライブする

## 優先順位を付ける（10分）

効果とコストを見て、合議制で決める

「葵ちゃん、挙がった選択肢には番号かアルファベットを振っておくといいわよ。後から議論しやすくなるから」

矢口のアドバイスを受けて、なるほどと…アルファベットを振ってみる。

ふと見渡してみると、父がしかめっ面をしていた。一瞬間を置いて、矢口が「葵さん、すごい渋い顔の人がいるわよ」と水を向けてくれた。

葵はすかさず、「鈴川さん、険しい顔をされていましたけど、ご意見ありますか？」と話を振ってみた。

「ああ…、いやね、〝強制〟ってどうかなと思って…」

「そうですか…」と言って、葵はハッとした。

（これは〝言いきってない〟パターンでは?!）

「〝どうかな〟と言うのは、質問ですか？　ご意見ですか？」

父はニヤリとした。どうやらわざと中途半端な発言をしたようだ。

「自主的な参加じゃないと、能力の底上げにもならないし、トレーニングも盛り上がらないんじゃないかと思ってね。強制にすると参加者はイヤイヤやってくるわけでしょ？　集まればいいってもんでもないんじゃない。強制は賛成できないな」

「なるほど…」と言いながら葵は焦った。

（反対意見が出ちゃったわ、この後どうしよう…とりあえずスクライブ？）

次の瞬間またしても、矢口が助け舟を出してくれた。

「確かに一理あるわね。葵さん、〝強制参加にするとモチベーションが低い参加者が集まってしまうのでは？〟という問を書いてくれませんか？　鈴川さんからの投げ掛けはこれですよね？」

矢口は、父がうなずくのを確認して葵に向き直った。

「こんな風に**反対意見が出てきたら、焦らずに、論点を整理して、参加者に問いかければいい**のよ。みんなこの問についてどう思いますか？」

「強制しても案外モチベーションが高い人たちがくるんじゃないかしら、だって――」

葵は、矢口のサポートを受けながら、なんとかかんとかファシリテーションを進めていった。かなり助けてもらいながらも議論は進み、施策は二つに絞りこまれた。実行担当者も決まり、決めたいことは一通り決められた。

「うん。全部決まったな。これで今日の会議終了だ！」。父がうれしそうに言った。

「葵さん。お疲れ様！」

矢口も葵のチャレンジをねぎらってくれた。「素晴らしいファシリテーションだったわ！」

「最初はどうなるかと思ったけど、やりきっちゃったね。俺もやらせてもらえばよかったなあ」

片澤は悔しそうにしている。

「ありがとうございました。でもすごく難しかったです。それにとても疲れました。ファシリテーターって大変なんですね。参加者の状況に目を配って、発言を理解して、流れやかみ合わせがしっかりしているかを考えて、そのうえスクライブして…目が回るかと思いました」

「ふふふ。楽しめたみたいでよかったわ。じゃあこれで終了にしましょう。お疲れ様でした」

三々五々、コンサルタントたちはフリーアドレスの執務エリアに戻っていった――。


「矢口さん本当にありがとうございました。たくさん教えていただいて、感謝です」

「どういたしまして、次の会議うまくいくといいですね」

矢口の一言で、葵は急に現実に引き戻された気がした。素晴らしい会議を見ることができ、ヒントもたくさんもらえた。でも次の会議をやるのは自分たちなのだ。

うまく進められるのだろうか…。

「今日のヒントだけじゃ、少し厳しいかもしれないね」。父が心の声を見透かしたかのように声をかけてきた。「会議の事前準備の部分は全然話せていないしね」

「事前準備？」

「そうだ。僕らはＰｒｅｐｅｒａｔｉｏｎ（準備）の頭を取ってＰｒｅｐ（プレップ）と言っている。矢口さんが事前にプロセスを考えておくと言っていただろう？　議論の流れをどうするか、そもそも終了条件は何が適切か、誰を呼ぶか、とかね。事前にＰｒｅｐすべきことはたくさんあるんだ」

「お父さん、それ教えて！」。葵が食いつく。

「おお、いいとも。Ｐｒｅｐの仕方にも少しコツが必要だからね。今日は別件が詰まっていて時間が取れないから、来週辺りにでもおいおい伝えるよ」

「来週？　それはまずいです」。今度は片澤だ。

「来週末までに結論をまとめなきゃいけないんです。次の会議は来週頭にでもやらないと間に合わない…」

「え？　嘘だろ？」。父は苦笑いしたが、葵と片澤の真剣な眼差しからは逃げられそうにない。

「じゃあ…週末か…？」

「はい！　お願いします！」。片澤の元気な声がフロアに響いた。

## 父の日記5

やれやれ、金曜日だけでなく、日曜日まで使うことになるとは…。ちょっと深入りしすぎたかな…。でも、ファシリテートされた会議を見てもらったのは正解だった。一度お手本を見ておくと後が全然違う。

矢口さんの解説も良かった。〝課題解決の五階層〟など、おそらくドンピシャに使える考え方のはずだ。

さて、例によって話しそびれたことをメモしておこう。

### ①「全員ファシリテーター」が理想

少し話が出ていたが、**全員がファシリテーターとして振る舞うとすごく議論が楽になる。**葵がファシリテートした時に、コンサルタント全員がフォローに回った、あの状態だ。**会議は誰か一人が仕切るんじゃない。だから全員が「隠れファシリテーター精神」を持つことが極めて重要になる。**

一番いいのは、ファシリテーションの本を仲間うちで回し読みして、基礎となる考え方を合わせてしまうことだ。「これをやってみよう！」と、徒党を組んでやること。一人で新しい価値観を持ち込むのは簡単ではない。仲間がいるのが一番頼もしい。

## ②時間が足りなくなった時の対処

今回は、時間が足りなくなるシーンはなかったが、一般的には時間をオーバーする会議が多い。そんな時にどう対応するのがいいのか書いておこう。

セオリーは、会議終了の一〇分〜一五分前に、残りの議論の状況を確認すること。そして、時間をオーバーしそうなら、以下のうちどれを選ぶか参加者に決めてもらうことだ。「選んでもらう」というのがポイントだな。

a　時間を延ばす
b　なんとかピッチを上げて時間内に収める
c　別の機会に再度議論する
d　メールなどで、対面せずに議論する

ズルズルと続けて時間をオーバーするのが一番よくない。ちゃんと事前に確認して、参加者全員で対応方法を合意しよう。これだけで、しっかりコントロールされた会議になる。

### ③ 参加者に頭を使ってもらうための質問をする

ファシリテーターは質問で勝負できるとかっこいい。参加者の思考を切り替えたり、新しい視点を与えたり、ハッとするような的確な質問を放り込めると、議論がグッと前に進む。

これはかなり難しいので、ここでは幾つか鉄板の質問フレーズを挙げておこう。頭に入れておけば、いつか使えるタイミングが来るだろう。


「だいぶ混沌としてきましたけど、この議論このまま続けますか？」

「このテーマ、今話した方がいいですか？」

「何が分かったら、この議論に結論を出せますかね？」

「今の話を一言で言うと（まとめると）、どうなります？」

「今の、なんて書けばいいですか？」

「あれ？　結局、結論はどうなりますか？」

「すみません、ちょっと議論を見失ってしまったんですが、論点はなんでしょう？」

参加者の思考と少し違う立ち位置からの質問が、効果的であることが多い。

## ④ファシリテーターは完璧である必要はない

「ファシリテーターは常に正しいことを言わないといけない」という強迫観念にとらわれる人がいる。

「進め方を提案したら拒否されるかもしれない」「今の話はよく分からなかったけど、質問したらバカだと思われないか」なんて思う人もいるだろう。

でも本質は全く逆だ。**どんどん間違っていい、どんどん否定されていい。その結果、参加者の理解が進み、議論が進むならファシリテーターは立派に役割を果たしている。**

ファシリテーターが分からないことは、どうせ他の人も分かっていない。臆せず、質問して提案して会議を促進してほしい。

それにしても、葵が自分からファシリテーションをやると言うなんて、驚いた。昔から、相当背中を押さないと一歩踏み出さない子だったのに。矢口さんに刺激されたのかな？　何にしてもいい傾向だ。…もしかして、片澤くんの影響もあるのだろうか？　ああいう先輩がそばでサポートしてくれるのは本当にラッキーだったな。

# 第5章 Prepするファシリテーションを始める

## Prep（プレップ）の重要性

暖かな日差しに包まれた日曜日。

鈴川家のいつものダイニングには不思議な光景が広がっていた。葵と並んで片澤が椅子に腰掛けている。神妙な面持ちをしている二人と、難しい顔をした父を見たら、ほぼ確実に「葵さんを僕にください！」のシーンだと思うだろう。

「本当に申し訳ないです。ご自宅にまで押しかけてきて…」。片澤は恐縮しきっている。

（彼氏を紹介される時はこんな感じなのかな…やれやれ）。ニヤリとしながら父は頭をかいた。

「本当だよー。僕の日給かなり高いよ」と言ったものの、前向きな若者は嫌いではなかった。学ぶ姿勢がある若者は支援したくなるものだ。

「でも、娘が困っているんだから、助けるのは父の役目よね」

葵がおどけて言ったが、父はピシャリとクギを刺した。

「葵、甘えるな。死ぬ気で学ばないなら教えないからな」

「うっ、と、当然でしょ？　こっちも部署解体がかかっているんだから！」

「まったく」。父は冷たい視線を葵に向けてから本題に入った。

「早速始めよう。今日の終了条件はたぶんこれだろう」。いつものノートにペンを走らせる。

## 終了条件

**Prepの重要性とセオリーを理解し、
次回の会議に向けた準備を完成した状態を作る**

## Agenda

1. Prepの解説(座学)
2. 次回の会議に向けたPrep(実践)

「Ｐｒｅｐ、つまり会議に向けた準備の重要性とセオリーを理解し、次の会議に向けて実際にＰｒｅｐをしてみよう」

父のノートを見ながら、葵と片澤が大きくうなずいた。

「では、質問だが、会議の準備といえば何をイメージするかな？」

父はペンを指し棒代わりにして葵を指名した。「どう思う？」

「そうね、一般的には、資料の準備、印刷、ホチキス留め、会議室の確保、それから、参加者への通知、かしら」。葵が一つずつ指を折りながら答えた。

「そうだね。一般的には今挙がったことが会議の準備に相当する。資料に不備がないようにとか、ページ番号を振って見やすいようにする、とかね」

「大きな会議だと、こうした準備だけで丸一日使うこともありますね。特に役員クラスの会議だと準備も入念で…」

「そういうこともあるだろうね。もちろんそれも必要なんだが、実はＰｒｅｐの全体からすると資料の準備はごく一部なんだ。Ｐｒｅｐで最も大事なのは〝会議の進め方を考える〟という要素だ。多くの会議ではなぜか、これが全く気にされていない」

「この間のランチでもその話をしていたよね」と葵。

「僕らは〝**準備が完了した**〟といえるのは〝**四つのP**〟がそろった**状態**だと考えている」

「四つのP…ですか」。片澤は、葵がこれまで見たことないほど真剣な顔で父の話に聞き入っている。

「そうだ。一つめのPはPurpose（目的）だ。会議で何を達成したいのか？　つまり、終了条件の確認だね、これはもう知っている通りだろう」。二人とも大きくうなずく。

「第二のPはProcess（進め方）。会議の終了条件に、どんな風にたどり着くのか、どの順番で何を議論すればいいのか、会議の流れを考えることになる。

第三のPはPeople（参加者）だ。終了条件にたどり着くために必要な人を漏らさず呼び、貢献しない人は呼ばないということだ。矢口さんも『不要な人は参加させない』と言っていただろう」

（本当にそうね。貢献しないのに会議に呼ばれるなんて、お互いにとって不幸だもの）。葵は定例会に参加しても何一つ発言しなかった数カ月前の自分を思い出して苦笑した。

「最後はProperty（装備）だ。会議室は押さえているか、ホワイトボードはあるか、プロジェクターは必要か、場合によっては付箋紙やお菓子などを用意することもある。資料をホチキス留めするのはほんの一部の要素にすぎない」

矢口の会議では、パソコンの画面を映し出すためにプロジェクターも準備していた。進め方を事前に考えていたから、装備も手配できていたのだろう。そう思い返す葵の心中を見透かしたかのように父が説明する。

「4Pが全部そろって、初めて準備ができたといえるんだ。装備がそろっていても進め方が考えられていないならダメだし、目的がはっきりしていても、進め方が考えられていないなら、準備不足と言わざるを得ない。この四つを事前に考えることがPrepするということなんだよ」

「でも」と片澤が疑問を呈する。

「ファシリテーターの負担がすごく大きくなってしまうんじゃないでしょうか?」

「そうだね。確かに時間をかけ過ぎるとダメだけど、的確に時間を使えば会議がすごくスムーズになるんだよ。例えばこんな考え方だ」。父はノートに三つのパターンを書き出した。

「準備を全くしていない会議は、往々にしてグダグダ会議になりがちだ。ぶっつけ本番で、出たとこ勝負をしているんだから、当たり前といえるんだが。一方、準備を入念にして結論まで〝握って〟しまい、会議では全く議論せずに形式的に承認を得るだけのお膳立て会議もある。両方とも、延べ時間は長くなる傾向にある」

「ファシリテーション会議はその中間を目指すものなのね」と葵。

「その通り。一人がサッと準備をして、全員でキチンと議論して納得感の高い結論を短時間で出す。複数の人間の時間を使うからには、効率よく時間を使わないともったいないだろう?」

事前準備なし + 10人で4時間会議 = 合計40時間

→グダグダ会議 ×

1人で準備2時間 + 10人で2時間会議 = 合計22時間

→ファシリテーション会議 ○

1人で準備30時間 + 10人で1時間会議 = 合計40時間

→お膳立て会議 ×

確かにおっしゃる通り。葵は、何の準備もなく挑んで大変な目にあった前回の会議を思い出した。「事前準備なしのグダグダ会議」の見本みたいなものだ。せめて進め方を事前に考えておいたら、せめて事前にホワイトボードに書いておいたら、それだけでも違ったかもしれない。

「よくある会議本では、〝装備〟についてては結構紹介されている印象があるわ。一方で〝進め方〟や〝参加者〟にはそれほど触れられていないような気がするんだけど、なぜなのかしら？」

「葵、意外によく勉強してるじゃないか。『ホワイトボードを用意しなさい』とか、『お菓子があるとイイ』というのはすごく簡単だ。ところが、〝進め方〟や〝参加者〟を考えるのはとにかく難しいんだよ。〝進め方〟は状況に応じていろんな答えがある。これぱっかりは特効薬がなく、経験とスキルがものをいう世界だ」

父の言葉に葵は悲鳴を上げた。

「えー！　じゃあ、経験もスキルもない私たちはどうやってＰｒｅｐしたらいいのよ？」

「まぁ落ち着け。一朝一夕では身に付かないが、思考を手助けすることはできる。その一つがこれだ。〝Ｐｒｅｐシート〟と呼んでいる」

父はＡ４版の紙を取り出した。

## 会議Prepシート

日時　　　　　　　　　　会議名

### Purpose

**①終了条件**（どうなったら会議終了と言えるのか？）

### People

**②参加者**（終了条件を満たすために必要な参加者は誰か？）

**③参加者の状態**（参加者は何を知っていて、何を知らないか？）

**④参加者が抱く疑問・不満**（何を疑問に思うか、何を不満に思うか）

### Process／Property

| ⑤議題<br>（終了条件に向けて、何を議論するのか？） | ⑥議論の進め方<br>（具体的にどう議論を進めるか？） | ⑦必要なモノ<br>（何を用意しておくか？） | ⑧<br>時間配分 |
|---|---|---|---|
| | | | |
| | | | |
| | | | |
| | | | |

「八つの設問に分かれていて、一つずつ設問を考えていくと、会議ファシリテーションのＰｒｅｐができるというシロモノだ」

「なんだか、あやしい…」

「そう言うな。これが結構使えるんだから。実際に会議の設計をしながらの方が、使い方がよく分かるだろうから、次回の会議のＰｒｅｐをやってみよう」。

父は葵にＰｒｅｐシートを手渡した。

## ①終了条件は何か？

「さて、上から考えていこう。最初に書くのは①終了条件。これはもう知っているね？」

「どうなったら今日の会議終了！　と言えるか、でしょ？」

「そうだな。今回はどう設定するといいかな？」

「〝コールセンターのオペレーターを増やす対策案が出ている状態〟かしら？」

葵が考えながら言った。

「うーん…、前回もそこで議論が堂々巡りしたよね。なんか違う気がするんだけどな…」

片澤がうなったが、代替案は出てこなかった。

「じゃあひとまず、この終了条件を基に考えてみよう。先に進んで違和感があれば、また戻ってきて考え直せばいい」

葵がPrepシートに終了条件を書き込むのを見届けてから、父が説明を加えた。

「これが全ての出発点になる。**終了条件を満たすために必要な参加者を選び、終了条件を満たすために必要なプロセスを組み立てる**ことになる」

## ②終了条件を満たすために必要な参加者は誰か？

「では**終了条件を満たすために、誰に参加してもらわないといけないか**を考えよう。例えば、コールセンターのオペレーターを増やす施策を考えるのに、採用担当者がいないんじゃまともな施策出しはできないだろう？　やりたいことをやるために誰が必要なのか？　例えば、A部署の課題を議論するのにA部署の人が一人もいない、なんてことも世の中の会議じゃしょっちゅう起こる。散々憶測を戦わせた挙句、『A部署に聞かないと分からないね』なんて結論になるわけだ。で、A部署に聞いたら五分で終わったりしてね」

片澤が苦笑いをした。「なんだか耳が痛いな。よくあります。それ…」

「逆のケースで、人を呼び過ぎている会議も多い。『もしかして意見をもらうシーンがあるかもしれない』『一応議論の結果を知っておいてもらいたいから』といった理由で〝念のため人を呼んでおく会議〟にしちゃうんだ。その結果、会議で内職する人が増える。終了状態を達成するためにはまず、過不足なく人を集める必要があるんだ」

片澤は会社の会議を思い返してみた。確かに両方のパターンが存在する。突発的に開かれる会議はたいてい前者。計画的・定期的に開かれる会議は後者に該当することが多い気がする。どちらにしても会議設計がうまくできていないということだろう。今回のケースでは誰が必要なのだろうか？

「さっきの終了条件に照らし合わせると、コールセンターを管理している田内さん、西田さん、コールセンターのリーダーかな？　三人いればいい気がする…」

「あら、幸田さんはいた方がいいんじゃないかしら？」

「そうか…、入ってもらった方がいいか…」

「ちょっと待った！」。二人のやり取りを見ていた父が割って入った。「**〝いた方がいいか？〟と考えると、多くの場合、〝いないよりいた方がいい〟という結論になってしまうよ。**〝いない方がいい〟ってケースはなかなかないだろう？」

「うっ、確かに…。でも、だったらどう考えればいいの？」

「逆に考えるんだ、葵。こういう時はね、**〝いないと何が困るか？〟と考えた方がいい。**幸田さんがいないと困ることはあるかい？」

「…そう言われると…、何も困らないかもしれないですね。コールセンターの人を増やす施策なら三人がいてくれれば十分かも。幸田さん、普段なんとなく呼んでいたけど…」

「ふむふむ。いいね。じゃあ、次に行ってみようか」

## ③ 参加者はどんな状態か？

「次は、参加者の状態を考えてみよう。会議に参加してもらう三人は、何を知っていて、何を知らないかな？」

「そうですね…。堀井常務が怒っていることは知っている、『月刊ＩＴプロフェッショナル』でうちの会社のコールセンターへの評価が低かったことも知っていますね」

「うん、いいね。他は？」

「なんで評価が低くなったのかは知らないと思うわ」

「なるほどね。じゃあ、彼らはどんな意見を持っているだろうか？」

「『オペレーターの数は不足していない』と思っています。『コールセンターの採用事情は悪くない』とも言っていましたね」

父はここでＰｒｅｐシートをざっと見返して言った。「よし、いいだろう。大体書けたな」

## 会議Prepシート

日時　10月4日　　会議名　堀井常務対策会議

**Purpose**

**①終了条件**（どうなったら会議終了と言えるのか？）

コールセンターのオペレーターを増やす対策案が出ている状態

**People**

**②参加者**（終了条件を満たすために必要な参加者は誰か？）

田内さん、西田さん、コールセンターのリーダー

**③参加者の状態**（参加者は何を知っていて、何を知らないか？）

堀井常務が怒っていること、コールセンターの評価が下がっていることは知っている
評価が下がった原因は知らない
オペレーター数は不足していない、コールセンターの採用事情は悪くない、
と思っている

**④参加者が抱く疑問・不満**（何を疑問に思うか、何を不満に思うか）

**Process／Property**

| ⑤議題（終了条件に向けて、何を議論するのか？） | ⑥議論の進め方（具体的にどう議論を進めるか？） | ⑦必要なモノ（何を用意しておくか？） | ⑧時間配分 |
|---|---|---|---|
| | | | |
| | | | |
| | | | |
| | | | |

## ④ 参加者が抱く疑問・不満は何か？なんと言われそうか？

「さぁ、ここからが大事だ」。父は言葉を切って二人をじっと見た。

**「参加者がこの会議に来たら、何を疑問に思い、どんな不満を持つだろうか？」**

少しの沈黙の後で、片澤がうなった。「疑問と不満か……うーん……なるほど……こりゃダメだ……」

「おっ片澤くん、勘がいいね！」

「え？　どういうこと？」。葵が二人の顔を交互に見ている。

「順を追って考えてみよう。①の終了条件で会議をやるとして、西田さんが③のような状態だったとしたら、会議に来て何を疑問に思うだろうか？　不満に思うことはあるだろうか？」

「そりゃあ、『満足度調査の結果が悪かったのをオペレーター不足のせいにするな！　人手不足だけどお客さんを待たせるようなことはしてないんだから！』って思うでしょうね」

「片澤くんはどうだい？」

「単純に『お客さんはコールセンターの何に不満を持っているかしら？』って思う気がします」

「そうかぁ」。葵が頭を抱えながら、吐き出すように声を出した。「このまま会議やったら前回と同じことが起こっちゃうわ。終了条件の設定がよくないのね？」

「その通りだ。さえてるじゃないか、葵！」

「④まで書けたら、一度〝①終了条件〟を見直してみるといい。**参加者の疑問・不満を考えた時に、はたして①の設定は適切なのか？** 今回のケースはダメだろうね。対策案の議論をする前に、何が満足度の低下を引き起こしたのか認識合わせをしないと先に進まないだろうな」

「だったら、〝満足度低下の原因と、そうなってしまった理由が明らかになった状態〟とかどうかしら？ 課題解決の五階層でいくと三段階目までの認識をまず合わせるの」。葵がＰｒｅｐシートの終了条件を書き直した。

「いいんじゃないか？ 対策案を出すのはたぶん時間が足りないだろうから、次の会議に回した方がいい。それに終了条件が変わったから、もう一度②、③、④を考え直さないといけない」

「そうね、この終了条件だと、幸田さんがいないと困ると思うわ。この間の会議でも、『技術者の対応がダメなんじゃないか』って言ってたもの。技術者の話になるなら幸田さんが必要よ」

片澤が大きくため息をついた。「なるほどなぁ。この**Ｐｒｅｐシートで会議をシミュレーションする**ってことなんですね」

「うん。そういうことだ。こうして見ると〝打ち手を洗い出す〟までやろうと思うと、一回の会議じゃ無理そうだろ？ 会議を二回に分けて設計するのもシミュレーションをするからできることだ」

「確かにそうね」

「そもそも参加者の状態や、疑問に思いそうなこと、不満に感じそうなことを思い描かずに、会議を設計することはできない。会議は一人でやるものじゃないからね。このプロセスがすっ飛ばされると、独り善がりの会議になってしまう」

「耳が痛いです。普段も考えてないわけじゃないけど、こんな風にちゃんと正面から考えたことはなかったなあ。言われると当たり前なんだけど、確かにいい加減にやっていました。反省です」

片澤は頭をかいている。

父はここまで説明すると、ふー、と一息入れて、大きく肩を回した。

「ちょっと休憩しよう。コーヒーでもいれようか」

「あら、私がいれるわよ」。キッチンで仕事をしていた母が声を掛けた。

「おっ、ありがとう」。立ち上がりかけた父は再び椅子に腰をおろした。

「葵、コーヒー豆出してくれる？　それにしても、葵が日曜日に仕事するなんて、まるでお父さんみたいね」

「うっ、今は緊急事態だから仕方ないのよ。休みの日に仕事するなんて、私は本当に嫌なんだから…」。葵がコーヒー豆を出しながら答えた。

「ふふふ、お父さんも毎回そう言って土曜日に仕事しているわよ。『今週だけ』とか言いながら毎週仕事してるんだから、ずーっと緊急事態なのね」

父は苦笑いをして小さくなっている。

「そういえば、今日、予定があったの忘れてるでしょ？」

母はポットを火にかけながら横目でチラリと父を見た。

「え⁉　今日予定あったんだっけ…？」。どうやら完全に忘れているようだ。

「そうだったんですか？　僕のせいですね。突然押しかけてすみませんでした」

「片澤さんは悪くないわよ。予定を忘れるこの人がいけないんだから」。コーヒー豆がひかれて粉に変わっていく。早くもいい匂いがしてきた。「予定はキャンセルしておいたわよ。あなた、私がいなかったらどうやって生活するつもりなのかしらね」

「…まぁいいじゃないか…いてくれるんだから…」

小さくなっている父を見て、片澤はニヤリとしていた。（やっぱり、天は二物を与えずか…）

母がいれたコーヒーを飲みながら、父の物忘れのひどさについて話が盛り上がった。これまでワクワクするような知識とスキルを教えてくれていた父も、母にかかると形なしのようだ。

「さ、さぁ、休憩はこのくらいにして、次のステップにいこうか」。父は居心地が悪くなってきたのか、コーヒーもそこそこに、片澤と葵を促した。

## ⑤ 議題を設定する

「次は、いよいよ議論の流れを設計する。何をどういう順番で議論したら終了状態にたどり着けるのか、ゴールから逆算して考えるといってもいい。Ｐｒｅｐシートでいうと、この部分だ」

Ｐｒｅｐシートの「⑤議題」と書かれたところを指差しながら父が言った。

会議Prepシート

日時　10月4日　　会議名　堀井常務対策会議

Purpose
①終了条件（どうなったら会議終了と言えるのか？）

| |
|---|
| ~~コールセンターのオペレーターを増やす対策案が出ている状態~~<br>満足度低下の原因と、そうなった理由が明らかになった状態 |

People
②参加者（終了条件を満たすために必要な参加者は誰か？）

| |
|---|
| 田内さん、西田さん、コールセンターのリーダー、幸田さん |

③参加者の状態（参加者は何を知っていて、何を知らないか？）

| |
|---|
| 堀井常務が怒っていること、コールセンターの評価が下がっていることは知っている<br>評価が下がった原因は知らない<br>オペレーター数は不足していない、コールセンターの採用事情は悪くない、<br>と思っている |

④参加者が抱く疑問・不満（何を疑問に思うか、何を不満に思うか）

| |
|---|
| 満足度が下がったのは、オペレーターのせいじゃない<br>人手不足だけど、ちゃんと対応できている<br>お客さんはコールセンターの何に不満を持っているのか |

Process／Property

| ⑤議題<br>（終了条件に向けて、何を議論するのか？） | ⑥議論の進め方<br>（具体的にどう議論を進めるか？） | ⑦必要なモノ<br>（何を用意しておくか？） | ⑧<br>時間配分 |
|---|---|---|---|
| | | | |
| | | | |
| | | | |
| | | | |

「議題はアジェンダと呼ばれることもある。議題を想定して会議全体の流れを作るのがプロセス設計の基本だ」

ここまで説明すると、父はさらに一枚の紙を取り出した。

「いきなり会議のプロセスをゼロから考えろと言っても難しいだろうから、会議の王道プロセスを紹介しておこう。会議の種類によって、大体プロセスが決まってくる」

葵と片澤は頭を寄せて紙をのぞき込んだ。

「へー。こんなチャートがあるのね」

| step4 | step5 | step6 | まとめ |
|---|---|---|---|
| | | | 決定事項確認 |
| | | | 決定事項確認 |
| 承認判断 | | | 決定事項確認 |
| 評価・取捨選択 | | | 決定事項確認 |
| 解決策の洗い出し | 絞り込み基準の合意 | 評価・取捨選択 | 決定事項確認 |

会議の目的別プロセスチャート

| Step / 種類 | 導入 | step1 | step2 | step3 |
| --- | --- | --- | --- | --- |
| A. 報告 | 終了状態と進め方確認 | 報告 | Q&A | |
| B. 情報収集 | 終了状態と進め方確認 | 背景説明 | 欲しい情報の枠組み提示 | ヒアリング |
| C. 承認 | 終了状態と進め方確認 | 承認依頼事項の明示 | 承認事項説明 | Q&A |
| D. 方針検討 | 終了状態と進め方確認 | 背景説明 | 選択肢の洗い出し | 絞り込み基準の合意 |
| E. 課題解決 | 終了状態と進め方確認 | 事象の確認 | 困りごとの確認 | 原因の分析 |

「会議の種類ごとに、議論すべき内容が異なるんだ。最大でステップ6まである」

「〝導入〟と〝まとめ〟は、全部一緒なのね。確認するファシリテーションでやる部分よね？」

「そうだね。〝導入〟で終了条件と議論の進め方、時間配分を確認する。〝まとめ〟では決まったことと、やるべきことを確認する。まさに確認するファシリテーションでやっていた部分だ」

チャートをコンコンとペンで指しながら父が解説してくれる。

「へー。なんだかこれ使えそう」

「いいだろう？　これを見てみると、パターンAの〝報告〟は最もステップが少ない。つまりプロセスとしては単純なんだ。報告して、質疑応答するだけだ。一方で、パターンEの〝課題解決〟は最もステップが多い。だから課題解決は難しいのかもしれないな」

「今回は、課題解決型の会議だから、パターンEがベースになりますかね」

片澤がチャートを指さした。

「それがいいだろうね。ステップ1の〝事象の確認〟では何が起きているかを確認する。今回のケースでいうと、『コールセンターがどんな状態にあるのかを確認する』わけだ。ステップ2の〝困りごとの確認〟は、具体的にどんな風に困るのかを確認する。今回は、〝顧客満足度が下がっている〟というのが困りごとだと分かっているから、このステップは不要かもしれない」

「そうね、じゃあこんな感じになるのかしら」。葵はＰｒｅｐシートに書き入れた。

会議Prepシート

日時　　10月4日　　　　　　　　会議名　　堀井常務対策会議

Purpose
①終了条件（どうなったら会議終了と言えるのか？）

| |
|---|
| ~~コールセンターのオペレーターを増やす対策案が出ている状態~~<br>満足度低下の原因と、そうなった理由が明らかになった状態 |

People
②参加者（終了条件を満たすために必要な参加者は誰か？）

| |
|---|
| 田内さん、西田さん、コールセンターのリーダー、幸田さん |

③参加者の状態（参加者は何を知っていて、何を知らないか？）

| |
|---|
| 堀井常務が怒っていること、コールセンターの評価が下がっていることは知っている<br>評価が下がった原因は知らない<br>オペレーター数は不足していない、コールセンターの採用事情は悪くない、<br>と思っている |

④参加者が抱く疑問・不満（何を疑問に思うか、何を不満に思うか）

| |
|---|
| 満足度が下がったのは、オペレーターのせいじゃない<br>人手不足だけど、ちゃんと対応できている<br>お客さんはコールセンターの何に不満を持っているのか |

Process／Property

| ⑤議題<br>（終了条件に向けて、何を議論するのか？） | ⑥議論の進め方<br>（具体的にどう議論を進めるか？） | ⑦必要なモノ<br>（何を用意しておくか？） | ⑧<br>時間配分 |
|---|---|---|---|
| 導入 | | | |
| 何が顧客満足度を下げているのか事実を確認する | | | |
| 原因を深掘りする | | | |
| まとめ | | | |

議題1　導入：終了状態と進め方を確認する
議題2　何が満足度を下げる主要因になっているのか、事実を確認する
議題3　なぜそんなことが起こっているのか、原因を深掘りする
議題4　まとめ：決定事項を確認する

父は「いいじゃないか」と言って目を細めた。

## ⑥議論の具体的な進め方は？

「これで、会議の骨格が見えてきた。次は〝議論の具体的な進め方〟の部分だな。ここでは、⑤で考えた議題一つずつに対して、具体的に何をどう議論するのか考えていくんだ。〝事実を確認する〟という議題一つ取ったってやり方は無数にある。

関係者を呼んで事実を語ってもらうのか？　事前に資料を用意して読んでおいてもらうのか？　資料は配らずプロジェクターに映してポイントだけ解説するのか？

ここの流れが一番大事なのに、議題だけ設定して終わった気になっているんだ」

また義憤に駆られる父を、葵がなだめる。

「ちょっとちょっと…その話はまたゆっくりね。で、進め方なんだけど、議題1と議題4は、確認するだけよね」

「おお、その通り。だからここで進め方を深掘りする必要はないだろう。議題3の部分はどう進めたらいいと思う？」。父は葵と片澤の顔をじっと見て続けた。

「**『議論に必要な情報は何か？』『それを基にどう議論するといいだろうか？』と考えてみるといい**」

父はヒントをくれただけで答えを言わない。あくまで二人に考えさせるスタンスのようだ。

「必要な情報ですか…」。片澤はこめかみに手をあてて、脳みそを回そうとしている。

「顧客満足度調査で、コールセンターへの評価が低かった理由ですよね。記事にはそこまで詳しく出ていませんが、調査対象は当社のお客さんですから、もう営業がヒアリングに回っていたりするかもしれません。その情報を得て、共有しておく方がいいですね。これは議題2かもしれませんが」

「いいね。他には？」

今度は、片澤と同じポーズをしていた葵が口を開いた。

「ええっと、コールセンター運営の実態もつかんでおかないといけないと思うわ。採用の状況とか、人手不足の状況とか、お客さんからのクレームとか…」

「そうだね。実態が分かってないと、憶測で議論することになってしまうからね」と片澤。

「これ…、事前に調べておいた方がいいかもしれないわね」

「素晴らしい！」。父が叫んだ。「その通り、こうやって書いてみると、全員でやるべきこと、事前に準備や用意をしておいた方がいいものが見えやすくなるだろう？　グダグダ会議の多くは、これができていないんだ。例えば堀井さんが激怒している経緯を全員で集まって憶測し始めるとかね。誰も確かなことを知らないんだから、議論したってムダなのに。その挙げ句、堀井さんに確認しようって結論になったりするんだよ。だったら会議の前に聞いておけよ！　って話だろ？　こういう**想像力が足りないから、いや、むしろ想像しようとすらしないから、会議がグダグダになるんだ!!**」と父は一気にしゃべった。ヒートアップした父に片澤が気押されている。

「鈴川さん…、分かりましたよ。よく分かりました」

「ああ、すまん、ついな…。これだけ情報があれば、議題2の〝事実確認〟はできそうだな。議題3の〝原因の深掘り〟はこの情報を基に意見を出し合う形でいいんじゃないかな？」

進め方の部分もだいぶ固まってきた。

## ⑦ 必要なモノを考える

「次は議論を進めるにあたって、事前に用意しておいた方がいいモノを考えるパートだ。今、話に挙がった〝顧客ヒアリング結果〟とか〝コールセンターの実態〟などは用意しておいた方がいいから、そのまま書いておけばいいだろう」

「そうね。他には、プロジェクターやホワイトボードも用意しないとね」

「いいね。〝⑥議論の進め方〟を眺めていれば、何が必要になるか自然と見えてくる。プロジェクターや会議室はもちろん、議論に必要な情報を準備しておくことも極めて大切だ」

Ｐｒｅｐシートが埋まっていくにつれ、どんどん会議の情景がイメージしやすくなる。確かによくできているシートだと片澤は思った。

## ⑧時間配分を決める

「最後は時間配分を考えればいい。ここは説明は不要だな？」

葵が時間配分をＰｒｅｐシートに書き加えていく。「ちょっと待ってね。このくらいかしら？」

会議Prepシート

日時　　10月4日　　　　　　　　　　会議名　　堀井常務対策会議

Purpose

①終了条件（どうなったら会議終了と言えるのか？）

| |
|---|
| ~~コールセンターのオペレーターを増やす対策案が出ている状態~~<br>満足度低下の原因と、そうなった理由が明らかになった状態 |

People

②参加者（終了条件を満たすために必要な参加者は誰か？）

| |
|---|
| 田内さん、西田さん、コールセンターのリーダー、幸田さん |

③参加者の状態（参加者は何を知っていて、何を知らないか？）

| |
|---|
| 堀井常務が怒っていること、コールセンターの評価が下がっていることは知っている<br>評価が下がった原因は知らない<br>オペレーター数は不足していない、コールセンターの採用事情は悪くない、<br>と思っている |

④参加者が抱く疑問・不満（何を疑問に思うか、何を不満に思うか）

| |
|---|
| 満足度が下がったのは、オペレーターのせいじゃない<br>人手不足だけど、ちゃんと対応できている<br>お客さんはコールセンターの何に不満を持っているのか |

Process／Property

| ⑤議題<br>（終了条件に向けて、何を議論するのか？） | ⑥議論の進め方<br>（具体的にどう議論を進めるか？） | ⑦必要なモノ<br>（何を用意しておくか？） | ⑧<br>時間配分 |
|---|---|---|---|
| 導入 | ・終了状態と進め方を確認する | ・プロジェクター<br>・ホワイトボード<br>・小会議室 | 5 |
| 何が顧客満足度を下げているのか事実を確認する | ・顧客へのヒアリング結果を共有する<br>紙資料を配る<br>満足度に影響がありそうな部分だけ、説明を加える<br>・CC運営状況を共有する<br>西田が資料をまとめ、プロジェクターに映して共有する<br>・上記を元に、満足度低下の要因を抽出する | ・営業の顧客ヒアリング結果<br>→問い合わせて資料を入手する<br>・CCの現状<br>→西田さんに現状をまとめてもらうように依頼する | 40 |
| 原因を深掘りする | ・原因と考えられるものを洗い出す<br>・挙がった原因のなかから最も影響の大きいものを特定する | | 40 |
| まとめ | ・決定事項を確認する | | 5 |

こうしてPrepシートが完成した。

「できちゃったわね。次はこれをベースに進めればいいのね！」

葵は小躍りしそうな勢いで喜んでいる。片澤もスッキリした顔をしていた。

「営業には事前にヒアリングしないといけないな。**ヒアリングや情報収集が必要だって、会議をやる前に分かっているのは大きい**よ。Prepってこういうことなんですね」

「二人とも、飲み込みが素晴らしく早いね」。父も満足そうだ。

「この会議が片付いたら、次の施策を出して絞り込む会議もやらないといけない。同じようにPrepシートで準備するといいだろう。顧客満足度低下の原因が明らかになっていればもう少し会議が設計しやすくなる」

「うん。なんとかなりそうな気がしてきた！」。葵は力強くうなずいた。確認から始めたファシリテーションだったが、Prepを学んだことで一連の流れがつながり、一気に理解が深まった気がしていた。

「お疲れ様。まとまったみたいでよかったわね」。母がコーヒーとお菓子を出してくれた。

「やったー！　お母さんナイス！　最高のタイミングね」。疲れた脳には甘いモノがありがたい。

母も洋菓子をつまみながらしげしげと片澤を見た。

「それにしても葵はラッキーね。片澤さんみたいなシッカリした先輩がいらっしゃって。仕事しやすいでしょ？」

「そういえば片澤さん、最近すごく頼もしいですよね。前はもっと適当な感じだったのに…」

母子にしげしげと観察されて片澤は頭をかいた。

「いやーそうかなー？　僕は今もテキトーだけどねぇ」。元々地頭がよく非常に優秀なのだが、だからこそ適当に要領よくやっていれば、周りの社員たちより仕事ができてしまった。片澤にとっては、周りより少し仕事ができれば、それ以上努力する必要がなかったのだ。

「まぁ、でも…。葵ちゃんのファシリテーションを見て、これすごくいいかもって、自分も勉強したいって思って…。実は、一度火が付くと、とことんガツガツ行くタイプなんです。こっちの方が本来の姿かもしれないですね。今日もすごく楽しかったです」

ありがとうございました、と片澤はペコリと頭を下げた。のらりくらりしていた時と全然違う。

「あらあ、ますますいいじゃない。葵と仕事だけじゃなくて、ずっと一緒にいてくれればいいのに！」。母がとんでもないことを言い出した。「お父さんも付録に付けるわよ」

「ちょっとちょっと、お母さんっ！」。父と葵が同時に声を上げた。

## 父の日記6

これで基礎的なことは一通り教えた。会議のPrepについて、実践を通して教えたのはよかったと思う。やっぱり実戦に勝る学びはないからな。

さて、彼らの会議はうまくいくだろうか？　ここまで来たら頑張ってほしいものだ。僕の貴重な日曜日まで使っているんだから…。さて、いつも通り伝えそびれたことをメモしておこう。

### ①なぜPrepを最後に教えたのか？

葵から疑問は出なかったが、Prepは会議を作るうえで最も大事な部分になる。Prepで会議の成否が決まるといってもいいくらい重要だ。にもかかわらず、なぜ今まで教えなかったのか？

葵のような若手にとって、多くの会議は参加するものであって、自分が準備するものではないはずだ。片澤くんくらいの中堅社員であっても、他人が主催する会議に参加することの方が圧倒的に多いはず。要するに自分で会議を設計する機会は非常に少ないのだ。

**主催者ではなく、一参加者として、その会議を良い状態にするためには、Ｐｒｅｐよりも、隠れファシリテーターとして確認したり、書いたりする方がはるかに効果がある。**

もう一つの理由として、〝会議は主催する人が作るもの〟という先入観も取っ払ってほしかった。参加する人全員に会議を良くする責任がある。少しでも生産性を高め、より良い場にする責任があるんだ。そういう思いもあってＰｒｅｐを最後に教えることにした。

## ②Ｐｒｅｐシートは第三者に見てもらえ

Ｐｒｅｐシートの効果として、伝えていない大事なポイントが二つある。

一つは、頭の中だけで考えずに、文字にして書き出すということ。書き出すことで頭の中が整理できるし、何が分かっていないのかも明確になる。書き出してみると何があやふやな状態なのかがハッキリしてくるからだ。

もう一つは、**Ｐｒｅｐシートに書き出したものを第三者に見てもらう**ことだ。違う人間が見ると違う視点で疑問やアイデアが浮かんでくる。これが会議を組み立てるヒントになる。一人でPrepするより品質が高まるだろう。

**③余計な参加者はマイナスの影響を与える**

会議に余計な参加者がいるデメリットについて触れておきたい。

「余計な参加者がいても、その人が暇なだけで会議自体には影響ないのでは？　だから、多めに人を呼んでおけば会議としては安全では？」という質問を受けることがあるが、それは違う。

会議に参加している人は、場に何らかの影響を与えている。会議中に内職している人や、暇そうにしている人、寝ている人は、**マイナスの影響を場に与えている**のだ。やる気がない人がいることで会議全体の雰囲気が悪くなってしまう。

だから、不要な人は呼んではならない。

**④毎回コレをやるのは手間？**

二人からは出なかったが、「手間がかかるので、会議のたびにPrepシートなんて作っていられない」という話をよく聞く。

こういうちょっとした手間を惜しむから、会議がグダグダになるんだ。毎回きちんとやるべきだ！と言いたい。

まぁ、百歩譲れば、**慣れてくればシートに書き出すことはしなくてもいい。ただし、Ｐｒｅｐシートの八つの要素は何らかの形で考えておく必要がある。**頭の中でもいいし、ノートに走り書きでもいい。ただし、何も考えないのはダメだ。グダグダ会議になること請け合いだ。

会議ファシリテーションについては、これだけ教えればもういいだろう。後は、葵が頑張るしかない。

それにしても…片澤くんは葵とどういう関係なんだろう…。まさか…、うーん、でも悪くないか…。

## リベンジ

そして会議当日――。

「やれることはやったから…、大丈夫…ですよね？」。会議室に向かう途中、葵は不安そうな顔でつぶやいた。

片澤が営業部門に掛け合って、彼らが持っている情報も入手できた。片澤の読み通り、営業部門は顧客にヒアリングをしていたのだ。西田に依頼して現在のコールセンターの状況もまとめてもらった。田内や幸田など会議の参加者にも事前に参加依頼をして、会議室とホワイトボードも押さえた。これで四つのPは全部そろったはずだ。

でも不安は拭えない。前回あれだけの失敗をしているのだから当然だ。

「大丈夫！　そんなに不安そうな顔するなよ、しっかり準備したじゃないか」

片澤は葵を鼓舞すると会議室に入った。既に役者はそろっている。

幸田は会議室に入ってきた二人をじっと見ると、低い声で言った。

「今日の会議は大丈夫なんか？　またグダグダになるんとちゃうか？」

「今回は大丈夫だと思います…」。葵がうつむきがちに答える。

「ふん」。幸田は返事の代わりに鼻を鳴らした。

いつもより重い空気が漂う会議室で、葵が緊張を振りほどくように口火を切る。

「田内さん、時間なので始めませんか？」

開始早々、葵はまず終了条件を提案した。

「今日の終了条件ですけど、〝満足度低下の原因と、そうなってしまった理由が明らかになった状態〟にするのはどうですか？」。

早速、幸田からツッコミが入った。

「今日は原因の特定までかいな？　打ち手を決めんで大丈夫なんか？」

フォローしてくれたのは片澤だ。

「そこまでやりたいのは山々ですが、満足度が低い原因が特定できてないと先に進めないと思っています。前回もここでもめましたから。これ、結構時間がかかると思います」

事前に進め方をよく考えたから、なぜこの進め方にしたのか、すっと説明できる。これもＰｒｅｐの効用かもしれない。

幸田はもう一度「ふん」と鼻を鳴らした。片澤の説明で納得したようだ。

それを見た葵は、本題に入った。

「じゃあ、早速一つめの議題に入りましょう。顧客へのヒアリング結果を共有しますね。実は営業部門が今回の件を受けて、顧客にヒアリングをしていたんです。情報をもらってきました。

片澤さん、共有してもらえますか？」

「うん。ええっと、現時点では大手のお客さん五～六社に行った程度らしいのですが、電話サポートについての評価は決して悪くありません。電話を待たせるようなこともほとんどないそうです」

「やだー、私の言った通りじゃない！　よかったー」。西田が安堵の表情を見せる。

「そうみたいです。オペレーターの対応もおおむね高い評価が得られています。一方技術スタッフの対応は、若干評価が低そうです。専門的な技術知識が必要な場合は技術スタッフが対応しますが、その時の対応がいまいち良くないようです。『顧客の理解を超えた高度に技術的な説明をすることがある』『口調がぼそぼそしていて電話で聞き取りにくい』といった意見が出たそうです」

技術チームを率いる幸田は神妙な顔をしている。

「それは前々から問題やと思っとった…」

「電話対応の訓練してないの？　オペレーターは年中やっているわよ？」と西田。

「技術者が嫌がるんや。『俺たちは技術で勝負しとる』ってな…だがそうも言ってられない状況だってことがはっきりしたわけやな…」

「なるほど、原因はわりとシンプルですね。でもその分、解決策は難しいかも…」

片澤は幸田の方に向き直ると話を続けた。

「国内はこんな感じです。一方、海外コールセンターはちょっと様子が違います。お客さんが海外に工場とか営業拠点とかの事業所を作ると、当然ネットワークもＩＴシステムも必要になりますよね。うちがそれを提供して、問い合わせや故障対応要請を受けるために、現地のコールセンター業者に業務委託をしています。その業者の対応がどうもあまり良くないという話がお客さんの社内で出ているようなんです」

西田が驚きの声を上げた。

「やだー。そこまで気が回ってなかったわ…。現地のコールセンター業者には、うちから対応マニュアルを提供しているの。ただ、サービスの追加や変更に伴ったマニュアル改訂まではいちいち連絡していないのよ。現地の業者から独自に対応すると言われているので」

「うーん。現地の対応状況を一度調べてみた方がいいかもしれない」と田内は腕を組んだ。

「やるべきこと、として書いておきますね」。葵がすかさずスクライブする。

## 終了状態

満足度の低下と、そうなってしまった理由が明らかになった状態

## 議題

1. 終了状態と進め方を確認する　5分

2. 満足度低下の事実確認　40分
   - 顧客ヒアリング結果
   - コールセンター状況確認
   - 要因特定

3. 原因深掘り　40分

4. まとめ　5分

**ヒアリング結果共有**

- 大手5〜6社
- Telサポ○
- OP対応○
- 技術スタッフ対応×

(問) **訓練してない?**

・Yes　嫌がるから

- 海外CC対応　×

・対応マニュアル提供

・改訂は現地まかせ

(決) **状況調査する → 西田**

片澤が西田に声を掛けた。「次は、コールセンターの現状について説明してもらえますか？」

「ええ、調べてきたわよ」。西田はドサッと資料を取り出して全員に配った。最近一〇年間のコールセンターの人員推移、センターにかかってくるコール数、実際のコールピックアップ率、問い合わせの内容分類、そしてクレームの状況などが一目で分かる。

「なんや、えらいしっかり調べてきたやないか」。幸田が驚きの声を上げた。

「やだー、当然でしょ。存続の危機なんだから！」。そういう西田の顔にはちょっと疲れが見える。会議の準備で睡眠不足なのかもしれない。

葵が資料をめくりながら言った。

「西田さん…、ざっと資料に目を通す時間を取りましょうか？」

――資料には、顧客ヒアリングの結果を裏付けるデータが記載されていた。

オペレーター一人が受けるコール数は毎年増加しているが、コールピックアップ率はそれを上回る伸びで推移しており、電話をかけてきたお客さんを待たせることなく対応できていることを示していた。問い合わせの内容は、ＩＴシステムの高度化に伴い、多様化している。

資料を読み終わると、あちこちから意見が出始めた。

「なるほどね、オペレーターの能力も上がっているし、お客さんも待たせていないね。つまり人手不足で対応がおろそかになっているわけじゃなさそうだね」

「言い換えるとオペレーターの負荷は上がってきてるっちゅうことやろ？　対応品質は本当に下がってないんかい？」

「…この数字はどこから取ったもの？　僕の感覚と随分違うんだけど――」

「…あ、葵ちゃん、田内さんの今の発言、大事な問だから書いておいてね――」

「ああ、はいっ！　数字の出どころですね――」

「…ああ、鈴川、わしそんなこと言ってないで？　ちゃんと書いてや――」

「えー、幸田さんしゃべるの早いんですもん、なんて書けばいいですか？――」


多少の混乱はありつつも、なんとか議論が進んでいく。活発に意見が出ているのだけれど、問をきちんとスクライブして、参加者が議論の流れが見えるようにしているから、議論がとっ散らからずにちゃんと一定の方向を向いている感覚がある。前回よりずっとスムーズだ。

葵が前に立っているが、片澤が隠れファシリテーターとしてうまく援護してくれるので、流れが作りやすい。二人でファシリテーションを学んでよかった…。

葵がふとそんなことを考えた時、その片澤が声を上げた。

「コールセンターの経費分析を見ると、五年前から研修費がなくなってますね…これってなぜですか？」

「元々は、オペレーターが英語とか、ＩＴの専門知識とかを勉強したければ、外部の研修を受けていい制度があったんだけど、使う人が少なくてね。五年前にやめちゃったの」。西田が少しさびしそうに答えた。

「少ないってどれくらいですか？」

「年に二〜三人かな。向上心が高い人は使ってたんだけどね」

「それって、どうなんでしょうね…」。田内がつぶやくと、西田がかぶせ気味に答えた。

「でも、その時のアンケートでも大半が『使わない』って答えているし、研修制度をやめても文句は出なかったわよ！」

「そっか…」

西田の勢いに気圧されている田内をみて、葵がすかさず問いかける。

「田内さん、懸念をもう少しはっきり話してもらえませんか？　何が気になったんですか？」

「うん…。研修制度がなくなったってことは、人材育成面が悪くなったってことでしょ？　ってことは、向上心のあるオペレーターは、ウチに来たがらなくなるんじゃないかと思ってね」

田内の指摘は一理ありそうに思える。

「十分あり得る話やな。やる気のあるオペレーターは、研修制度とかしっかりしとる他社に流れてしまうんちゃうか。長い目で見ると結構深刻な問題やで?」。幸田が同調する。

「やだー、でも確かに最近、いい人材が採れてないのよね…。採用にどの程度影響が出ているのか調べてみるわ」

「西田さんよろしくお願いします。忘れないように書いておきますね」。〝採用面での影響を調査する〟と、葵はやるべきことをスクライブする。

CCの現状

- OP能力上がってる
- お待たせしていない

問 **OPの負荷増?**

○○○○○○○○○
○○○○○○○○○

問 **品質下がってない?**

○○○○○○○○○
○○○○○○○○○

問 **数字の出どころ?**

○○○○○○○○○

問 **研修費が下がっているのはなぜ?**

→研修制度やめたから
→使う人少ない、2〜3人/年

問 **研修制度がないといいOPを採用できないのでは?**

可能性あり、将来のCC能力 X

→長期的にみると問題

決 **採用面での影響を調査する → 西田**

## 終了状態

満足度の低下と、そうなってしまった理由が明らかになった状態

## 議題

1. 終了状態と進め方を確認する　5分

2. 満足度低下の事実確認　40分
- 顧客ヒアリング結果
- コールセンター状況確認
- 要因特定

3. 原因深掘り　40分

4. まとめ　5分

**ヒアリング結果共有**

- 大手5～6社
- Telサポ〇
- OP対応〇
- 技術スタッフ対応 ×

(問) **訓練してない?**

・Yes　嫌がるから

- 海外CC対応 ×

・対応マニュアル提供

・改訂は現地まかせ

(決) **状況調査する → 西田**

葵も片澤も、これまで学んだファシリテーションのスキルを総動員していた。矢口に習った〝感じ良く笑顔で〟もちゃんと意識している。

こうしてホワイトボードがスクライブでいっぱいになってきた頃、ついに結論が見えてきた。

「ええっと、結論を整理すると…」。田内がスクライブを目で追いかけながらつぶやいたのを見て、葵が結論をまとめる。

「顧客満足度低下の要因は三つ。一つは、技術スタッフの電話対応スキルの不足。ここですね」

スクライブを指差しながら確認する。

「二つめは、海外のコールセンターの力不足。日本との連携が弱くて、顧客対応に必要な情報を提供しきれていない可能性があること。三つめは、間接的な要因ですが、向上心があり、コールセンター業務改善の軸となっていく人材の採用、育成ができていない可能性があること」

片澤が大きくうなずいた。「そうだね。ただし、二つめと三つめは事実確認のために追加調査が必要、という感じですね」

「やだー、分かりやすい。ちゃんと今日のゴールに到達できたね」。西田が感心している。

「次の会議は、この三点の解決策を議論すればええな！」。幸田は早くも席を立っている。

「やだー、これで会議終了！　スッキリしたわね！　さすが葵ちゃん！」

「まぁ前回よりはマシやったな」。幸田も珍しくニヤリとしている。

田内は泣きそうな顔で「よかったぁ」を連発している。

会議室には心地よい熱気と、納得感が満ちていた――。


――みんなが出て行った会議室で、葵は緊張から解放され魂が抜けたようになっていた。

「よかったぁ…片澤さんありがとうございました。準備って大事ですねぇ。片澤さんすごかったですねぇ。はぁ…よかった…」。二時間も前に立ってファシリテーションしていたのだから、力尽きても無理はない。

抜け殻の葵とは対照的に、片澤の興奮は最高潮に達していた。

「最高の結果だった。俺たちにもあんなに濃い会議ができるんだ！　葵ちゃんのおかげだよ！」

片澤は思わず葵を抱きしめていた。

「きゃー、片澤さん、痛いですよぉ」

「あ、ごめんごめん、つい」。片澤はさっと腕を離した。

「でも、本当に良かったよ。みんなが熱く議論しているんだけど、なんて言うか、力が同じ方向を向いているんだよ。バラバラにならないでいつの間にか一つの結論にたどり着いている感じっていうか、とにかく一体感があった。いつもこんなに濃い会議ができたら…。大げさじゃなくて、まじで会社が変わるよ。会議で寝るやつなんていなくなる」

「そうですね。内職している暇もなくなりますね」。葵はニッコリ笑った。

しかし喜んでばかりもいられない。次の会議で打ち手を出して、堀井常務に報告を上げなければならない。まだもう少し先があるのだ。

「次も…うまくいきますかね…」。葵は不安げに片澤を見上げている。

その視線に答えるように、片澤はまっすぐに葵を見て力強く言った。

「当然だろ？　俺たちならやれるよ」

「うん…。…そうですね！　会議で会社を変えちゃいましょう！　さっそく次の会議のＰｒｅｐですね！」

エピローグ

# 2つの転機

## プロジェクトへの抜てき

はるか眼下に家路を急ぐサラリーマンの姿が見える。ここ二〇階の会議室からは豆粒程度の大きさに見えた。目の前には赤く染まった空が広がっている。幸田は、窓の外を眺めながら水口課長を待っていた。

堀井常務問題から、早くも数カ月。葵と片澤が会議を見事にファシリテートし、堀井にもきちんとした説明ができた。そのころから、課の会議は加速度的に良くなってきていた。以前のようなかみ合わないグダグダな会議はほとんどなくなり、幸田もその結果を認めざるを得ない状況になっていた。

そんななか、「ちょっと話がある――」と水口に呼び出されたのだ。普段は水口の席で打ち合わせすることがほとんどで、個室に呼び出されるのは珍しい。

何の話やろな…。もしかしたら異動かもしれないと幸田は考えていた。水口の下から出るのは長年の切なる希望だった。昔から丸投げ気質で無責任な水口とは合わなかった。異動なら大歓迎なのだが――、と考えていたとき、水口が入ってきた。

「おう、待ったか？　おお、夕焼けがきれいだな。まぁ座ってくれ」

水口が椅子に座りながら言った。幸田は入り口に近い席に座って夕日を浴びる格好になった。

「こんな風に呼び出すなんて珍しいやないですか？　面白い話ですか？」

「そうだ。分かっているじゃないか。結論からいうと異動の話だ」

来た！　幸田は心の中で小さくガッツポーズをしていた。

「商品開発部が来月から新サービスを作るプロジェクトを始めるそうなんだ。全社横断的な取り組みだから、幾つかの部署からメンバーを募っているらしい」

「新サービスをやる、やる言いながら、ずっと何も動かんかったけど、ついに重い腰を上げよったんか。大変になりそうですな」。商品開発部では何年も前から新サービスを立ち上げる話があった。部長が変わるたびに、話が再燃しては消えていた。

「そうなんだ。今回は本気らしい。それでだ、ウチの課からも人を出してほしいという打診が来たんだ」

「へえー、開発のしょっぱなから、顧客サポートまで考えてるんですか。殊勝な心がけやな」

「それもあるが、実は理由は会議なんだ。最近ウチの会議がいいらしいと、他部署でも評判になっているらしくてな」。けげんな表情の幸田に水口が説明する。

「新サービスを開発するとなると、社内調整も大変だろ？　既存のサービスとのかぶりもあるなかで、各本部の理解と協力を仰がなくちゃいけない。毎日社内各所と会議づくめになるので、会議上手と評判のウチに『誰か出してくれ』と要請が来たってわけだ」

「なるほど…」

「で、私は君が適任じゃないかと思っている」

「ええ話ですな」。幸田は目を閉じて腕を組んだ。確かにいい話だった。コールセンターに集まる顧客の声は、新しいサービスを作るうえで重要な情報源になるだろう。プロジェクト自体も面白そうだ。何より水口の下から外れられる。断る余地のない話だが、幸田は別のことを考えていた。

確かにウチの会議は良くなった。これは間違いなく鈴川の功績や——。

幸田は、「どうせ何も変わらない」と思って葵の行動を冷ややかに見てきた。しかし着実に状況は改善していった。彼女は現状に満足せず、変えることを選んだ。そして結果を出し、周りに良い影響を与えている。幸田もその影響を受け始めている一人だった。「現状に満足したら何も良くならない」。昔、水口に散々訴えた言葉だったが、少し前の幸田はすっかりそんな気持ちを忘れていた。

——認めたくないが、今回は鈴川に教えられた形やな。きゃぴきゃぴした今どきのねーちゃんかと思っとったけど、あいつ大したもんやで。これでわしが逃げたらカッコ悪すぎるわな。昔、やりそびれた改革案がいくつか残っているしな。それもやっとかんと。

幸田は静かに目を開けると、夕日をまぶしそうに見た。

「課長、わし実は商品開発に興味ないんですわ。今思い出したんですが、そういえば鈴川がサービス作りに興味がある言うとりましたわ。会議も鈴川がやったらうまく回りますよ。彼女を推薦しときますわ」

「しかし、おまえ、開発に行きたがってたじゃないか」

「そうでしたっけ？　まぁとにかく鈴川が一番適任です。彼女を行かせるべきですわ。他は考えられないです。よろしく頼んます。自分は次の会議があるんで」。早口にそう言うと、水口の返事も待たずに幸田は会議室を出た。会議室の外はもう暗くなり始めていた。

「これで貸しはチャラやで」。幸田はボソリとつぶやくと、ゆっくりと喫煙所に足を向けた。

――数週間後。

新橋の居酒屋には顧客サポート課の面々が顔をそろえていた。

「いやー。入社二年目の葵ちゃんが商品開発にねぇ。前代未聞の人事だね」

「鈴川さんなら、納得よ！」

商品開発部へ異動が正式に決まった葵の送別会だった。幸田が異動を断ってから、水口は葵を異動させることに決めたのだ。葵にとっては青天のへきれきだった。葵はいろんな励ましをもらったが、前例のない抜てき人事だけに彼女自身も少し戸惑っていた。

「よかったね。頑張っておいでよ」。田内が声を掛けてくれた。

水口もアルコールで顔を真っ赤にしながら「あのプロジェクトは大変だぞ？　会議だけじゃなくて、資料も山ほど作らないといけない。鍛えられてこいよ」と励ましてくれた。もっとも今も資料作りでは苦労しているのだが。

西田は相変わらず明るい。

「やだー、私、葵ちゃんは絶対上に行くべき人材だと思っていたの！　偉くなったら、幸ちゃんのお給料下げちゃっていいからね！」

色々な人が葵に声を掛けていく。「西田のやつ、何くだらないこと言うとんねん。鈴川は次の部署で死ぬほど苦労するのになぁ？」。幸田も相変わらずだ。

「ですね。苦労すると思いますけど頑張りますよ」。葵はぐいっと腕まくりをしてみせた。

「せやかて、何で鈴川なんやろなぁ。ワシの方が適任やのに。人事部も見る目ないわ。まぁ、せいぜい頑張ってこいよ。ウチの課の恥にならんようにな」。幸田はニヤリとしながら言った。

「じゃあ幸田さんが行けばいいじゃないですか」。葵も負けていない。

「アホか、俺が抜けたら誰がこの課をまとめんねん？」

「それなら俺がまとめますよ」。片澤が首を突っ込んできた。「片澤のスーパーファシリテーションで課をまとめ上げてみせましょう！　なんと言っても天才ですから！」

片澤はすっかりファシリテーションに自信を持っていた。

「ふーん。それじゃあ、週末の打ち合わせもばっちりファシってくださいね。期待してます！」

葵がおかしそうに言った。

「いやー…それは…」。片澤は途端に歯切れが悪くなった。

「ん？　週末ってなんや？　休日出勤でもするんか？」

「あー、いえ…その」。言いよどむ片澤をよそに、葵が軽快に答える。

「週末、ウチに挨拶に来るんです。ね？」

「は…？　え？　って、お前ら…？」。幸田は目を白黒させている。

「まぁ、そういうことなんです。ああ…そっちは全然ファシれる気がしない…」

「がんばってね。ちゃんとPrepしてよね。Prepシート使う？」

頭を抱える片澤を尻目に、葵はケラケラと笑う。父と約束した〝高級レストランのディナー〟は四人で行くことになりそうだ。

幸田も驚きを通り越して、笑い出した。

「やっぱり鈴川はイマドキのねーちゃんやな。ちゃっかりしとるわっ！　がははははっ」

笑いと祝福とともに、金曜の新橋の夜が更けていく——。

# あとがき

僕は、「変革屋」という職業上、現場を変えることに相当なこだわりがある。どんなに書物を読んでも、ノウハウを知っても、変化しなければ意味がない。どんなに良いノウハウでも、それをどう始めるか、どうやって定着させるかイメージできなければ宝の持ち腐れになってしまう。だからこの本では「始め方」にこだわり、「文脈」にこだわり、そして「ホンモノ」にこだわった。

この本で紹介したファシリテーションのスキルは、全て現場の会議室から生まれたホンモノである。机上で考えたものは一つもない。

僕らがお手伝いしてきたプロジェクトを通じて、実際にお客さんの現場が変わったやり方なのだ。延々と継承されてきた日本的会議のなかで、新しいことが始めづらい日本的空気のなかで、どうすれば変化が起こせるのか。それをイメージしてもらうためには、どうしてもリアルな物語を描く必要があった。慣れない小説仕立てだったので、執筆に一年半もかかってしまったが、妥協のない良いものが書けたと思う。

実は、僕の名刺の裏にはこんなメッセージが刷られている。

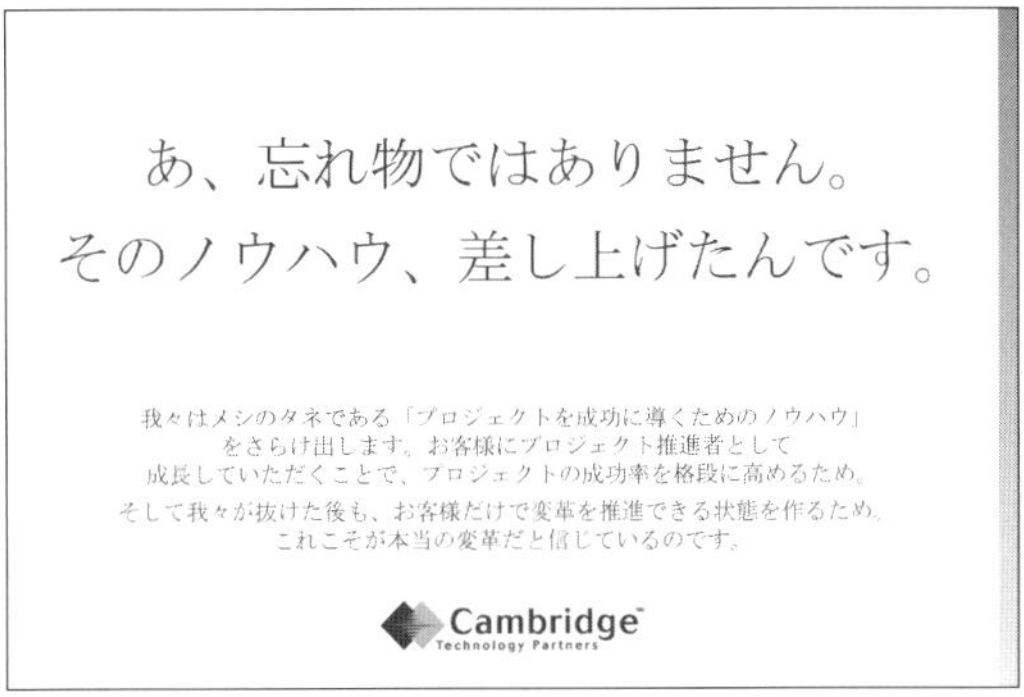

この少し変わったマーケティングメッセージには、僕らが大事にしているものがよく言い表されている。僕らが変革プロジェクトのお手伝いをすると、ノウハウは全く隠さない。というか、むしろ積極的に公開している。そのうえで僕らがお手本を見せ、そして実際にお客さんにもやってもらっているから、当然お客さんにしっかり定着する。

これは会議ファシリテーションに限ったことではない。プロジェクト計画の作り方、資料作成のコツ、調査分析の仕方、施策の出し方、抵抗勢力との向き合い方、システム化計画の作り方、ベンダーの選び方など、あらゆるノウハウ、方法論を開示して盗んでもらうようにしている。

普通に考えると実に不合理な行動だ。なぜならこうしたノウハウはコンサルティング会社の武器でありメシの種であるはずだからだ。別のコンサルティング会社の方からは「ウチでは、ノウハウをオープンにして、顧客に教えるなんて絶対にありえない」と言われたこともある。

しかし、変革プロジェクトの成功と、関わった人たちの成長は直結していると思う。例えばプロジェクトはいくつもの会議が積み重なって成り立っている。その会議がグダグダだったら当然プロジェクトもグダグダになる。もし、メンバー全員が基本的なファシリテーションスキルを押さえていれば、自然と品質の高い会議ができるようになるのだ。

そして、僕らが支援しなくても、ご自分たちで品質の高い変革を起こせるようになっていく。

これこそが本当の変革だと思う。

だから、僕らはプロジェクトを通じてお客さんのメンバーに成長してもらうことを大事にして、積極的にノウハウを公開する。すべては質の高い変革のために。

この本をキッカケに、何か一つでもあなたが変化を起こしてくれることを切に願う。本だけで不足なら、直接相談していただいても構わない。僕にできることは極力惜しまないつもりだ。

本の感想などもいただけるとうれしい。

「実際にこう変わったよ」と言う戦果報告はもっとうれしい。

「変革プロジェクトを通じてウチの若手を成長させたい」という相談はさらにうれしい！

宛先は、henkakuya@ml.ctp.co.jp もれなく返信するように努める。

さて、退屈な三万時間からあなたが抜け出せるかどうか。

僕がやれることは全力でやった。

あとはあなた次第だ。健闘を祈る。

## 榊巻 亮（さかまき・りょう）

ケンブリッジ・テクノロジー・パートナーズ
アソシエイト・ディレクター

大学卒業後、大和ハウス工業に入社。住宅の設計業務に従事すると同時に、業務改善活動に携わり、改革をやり遂げる大変さ、現場を巻き込み納得感を引き出すことの大事さを痛感する。ケンブリッジ入社後は「現場を変えられるコンサルタント」を目指し、金融・通信・運送など幅広い業界で業務改革プロジェクトに参画。新サービス立ち上げプロジェクトや、人材育成を重視したプロジェクトなども数多く支援。ファシリテーションを活かした納得感のあるプロジェクト推進を得意としている。一級建築士。主な著書に、『業務改革の教科書』（日本経済新聞出版社）。ビジネス雑誌（日経情報ストラテジーなど）での連載や寄稿に加え、講演やセミナーなどの活動も行っている。

---

＊ケンブリッジ・テクノロジー・パートナーズは、企業変革のための新たなビジネスモデルの検討から、業務改革、そしてIT導入までファシリテートするコンサルティング会社。独自のプロジェクト方法論とカルチャーを競争力の源泉として、花王、住友電装、日野自動車などの優良企業から高く評価されている。

# 世界で一番やさしい
# 会議の教科書

2015年12月15日　初版第 1刷発行
2022年 1月28日　　　第10刷発行

著　者　　榊巻 亮
発行者　　吉田 琢也
発　行　　日経BP
発　売　　日経BPマーケティング
〒105-8308　東京都港区虎ノ門4-3-12
装丁デザイン　森田 佳子（日経BPコンサルティング）
表紙・扉イラスト　早川 直希
制　作　　日経BPコンサルティング
印刷・製本　大日本印刷


ISBN978-4-8222-7178-7


本書籍に関するお問い合わせ、ご連絡は下記にて承ります。
https://nkbp.jp/booksQA